JN111475

国益ゲーム

日米貿易協定の表と裏

元外務省 WTO交渉担当 条約担当 課長補佐
前衆議院議員
緒方林太郎

ぱる出版

まえがき

今回、初めて著書を上梓することとした。題名には「国益ゲーム」という言葉を選んだ。ここで言う「ゲーム」とは、勿論、遊技を指すのではなく、戦略的状況に応じた意思決定と競争を意味している。

テーマは大学時代から25年近くに亘って追い続けてきた通商問題である。大学時代に関心を持ち始め、平成6年から平成17年まで奉職した外務省での勤務の3分の1くらいは通商関係に携わっていた。この本は、GATTウルグアイ・ラウンドが始まり、日米貿易摩擦が激化していた1980年代後半から現在に至るまでのアメリカとの通商交渉にフォーカスを当てたものである。ただ、アメリカだけに特化し過ぎず、その時々に起こったテーマや胸に去来した思いについても書き連ねている。

通商交渉は、数多くの分野が複雑に絡み合う中で、すべてのプレイヤーが国益を最大化するためにしのぎを削るゲームである。プレイヤーの選び方、ルールの決め方、ゴールへの道程、これらすべてがゲームの対象となる。ありとあらゆる手段を駆使することになるため、経済の視点のみならず、法律、政治が密接に絡む。通商法的アプローチだけでも、経済学的アプローチだけでも物事の理解には不十分である。私自身は外務省での経験と国会議員としての経験があり、双方から本件を見てきたのでその点がよく分かる。特にトランプ大統領は、露骨なまでに自身の選挙を絡めて来る。

もとより、本書は学術書ではなく、テーマ設定も包括的ではない。基本的には私が経験したこと、記憶に留めていることを繋ぎ合わせて書いているので記憶違いや事実認識の誤りがあるだろう。その点についての責任はもとより私本人にある。

また、幾つかの部分では正確さをあえて排して、分かり易さを追っている。そして、出来るだけ法律や条約の直接の引用、資料からの直接の引用はしないことにして、自分自身の表現で咀嚼するように努めた。直接の引用は、ともすれば本を無味乾燥にして読者を遠ざけるおそれがあるためである。したがって、本書の記述を直接引用することは学術的に堪え得るものとはならない。

本書にはセンセーショナルな部分はあまり多くない。事実関係をフラットな目で見て書いたものなので、当然そうなるべきものである。したがって、読んでいて溜飲が下がることは少ないかもしれない。近年、日本の論壇の一部に、特定の国民の層の溜飲を下げさせることにビジネスチャンスを見出し、そこに媚びる傾向があるように見える。私はそのような傾向とは一線を画すことを意識しながら本書を書き進めた。

コメと豚肉をあえて別立てにしたのは、現在の日本の仕組みの中で群を抜いて、その貿易構造がいびつだからである。密約をくっ付けないと維持できない、レント（不労所得）が極めておかしな場所に出現する、正しく理解している人が極めて少ないといった、日本の通商政策の問題点が凝縮している。そして、この2品目は国益ゲームの文脈に置くと、極めて奇妙なことが起きる。いずれもかつて制度を設けた時には明確な政策目的があったものだが、昭和、平成、そして令和の時代となる中で明らかに制度疲労を起こしている。

日本社会においては、制度の継続性を担保するのは良くも悪くも官僚組織である。過去の官僚が作成した法律が現在にそぐわなくなったとしても、現役官僚がそれを改善するのは容易ではない。制度を変更するというのは、変更目的が必要であり、過去の政策のあり方を否定することに繋がりかねないからである。ここに惰性と前例主義が生じる。そして、通商の制度はいずれも複雑で難解である。国際条約と国内制度が絡んで来るため、それらの全体像を正しく理解しているのは一部の専門家と担当部署の官僚だけとなり、国民の多くが政策の問題点を把握することすら難しい。その結果、著しく不合理で不公正な状況が改善されることなく続いている部分がある。しかも、制度によっては諸外国に不必要な貿易制限の口実を与え、通商交渉での日本のポジションを弱くしている。その問題点に果敢に着手できるのは政治家であるが、その取組みは十分なものとは言えない。むしろ、近年、役所の理屈を理解することに汲々とし、それを得意気に語る国会議員がとても増えた。

なお、読み始める前の方に、若干の用語の説明をしておきたい。この説明も私なりに咀嚼したもので学術的に正確なものではない。本文中でも必要に応じて説明を加えるようにしている。


GATT（関税と貿易に関する一般協定）　戦後間もない時期に作られた貿易協定。WTOが設立されるまでは世界貿易のルールの基礎をなしていた。

GATTウルグアイ・ラウンド　昭和61年～平成5年に行われた包括的な通商交渉。

WTO協定（世界貿易機関を設立するマラケシュ協定）　ウルグアイ・ラウンドの結果出来た協定。GATTの内容を取り込みつつ、世界貿易の幅広い分野を規律する包括的な協定。

WTO（世界貿易機関）　平成7年に発足した、WTO協定の運用、発展を目指す国際機関。

GATT／WTO　GATTからWTO協定に至る一連の貿易ルールの総称。

ＦＴＡ（自由貿易協定）　モノの貿易自由化を行うＧＡＴＴ24条、サービスの貿易自由化を行うＧＡＴＳ（サービス貿易に関する一般協定）５条に基づいて、最恵国待遇を超える自由化を進める国際協定。

ＥＰＡ（経済連携協定）　モノとサービスを規律するＦＴＡを超えて、より広い分野を含む協定。

ＦＴＡ／ＥＰＡ　ＦＴＡとＥＰＡの総称。

ＴＰＰ（環太平洋パートナーシップ協定）　環太平洋地域で締結されたＥＰＡの一種。「ＴＰＰ12」はアメリカを含むもの、「ＴＰＰ11」はアメリカを含まないものを指しており、その区分をする必要が無い時は「ＴＰＰ」と記述している。

ＥＥＣ・ＥＣ・ＥＵ　実は通商交渉権限をどの組織が持っているのかの概念整理は少し難しいため、便宜的に１９５７〜67がＥＥＣ（欧州経済共同体）、１９６７〜93はＥＣ（欧州共同体）、１９９３〜現在はＥＵ（欧州連合）と記述している。

目次◉国益ゲーム　日米貿易協定の表と裏

第2章　アメリカ流ゲームのやり方

第3章　TPP交渉というバトル・フィールド

第4章 ゲームオーバー回避
TPPの結果

第5章 魑魅魍魎の住む魔界1
制度疲労が目立つコメの輸入制度

第6章 魑魅魍魎の住む魔界2
誰も正しく理解していない豚肉輸入の闇

第7章 リセットボタン

アメリカとの二国間交渉

序章

ある違和感

奇妙なニュース

あれは平成25年4月12日のことだった。

前年の総選挙で落選した私はＴＰＰ入りの議論を地元北九州でフォローしていた。前年12月に政権に就いた安倍政権が矢継ぎ早にＴＰＰ交渉への参加に向けて突き進んでいたのを心強い思いで見ていた。私は外務省時代にＷＴＯ交渉全般に深く携わったことがあり、今でも貿易自由化やそのルールのあり方には誰よりも強い思いを持っている。

そして、交渉参加を正式に決めた日、奇妙なニュースが報じられた。政府がかんぽ生命のがん保険への参入やゆうちょの住宅ローンを認めないことを表明したのである。

そのニュースに接し、私は強い違和感を覚えた。今、思い返してみれば、その後、現在に至るまで幾度となく続く、断片的なニュースの隙間から垣間見える日米間の裏取引の端緒だったように思う。保険分野は長らく、日米間の通商交渉の中心的なテーマの一つであったり、アメリカの執拗さが際立つ分野である。そして、政府間の合意文書として表に出てくる部分があまり多くない分野でもある。

麻生太郎金融担当相は記者会見で「適正な競争関係が確保されることが確認されるまでは新

商品参入は認めない。（確認するまでに）数年はかかるね。」と述べた。同時に、麻生大臣は「（ＴＰＰ交渉入りとかんぽ関係の意思決定の）たまたま日にちが重なっただけ。」と言っていた（ゆうちょについても同様）。しかし、歴史的にアメリカが「かんぽ」を狙い打ちにしてきた経緯にかんがみれば、それをまともに受け止めることは出来ない。同様に日本郵政関係者が「アフラックの競争力は高く、参入余地がない。」と言っていたが、それもどこまでが真実かは疑わしい。

交渉前に要求された譲歩

そもそも、そんなことが起こる日が偶然に重なるはずがない。逆に考えれば、政権運営の中であらぬ疑いを招きたくないのであれば、ＴＰＰ交渉参加の日とこれらの発表の日は絶対にずらすはずである。常識的に考えれば、ＴＰＰ交渉入りの際、執拗にアメリカからかんぽ生命へのがん保険参入やゆうちょの住宅ローン参入を認めないように求められた結果だろう。日程をずらす工作をする余地もないくらいに、土壇場まで追い込まれていたのかもしれない。ＴＰＰ交渉後発組の日本は交渉の輪に入れてもらうに際して、「前払い（交渉入りする前に譲歩すること）」を相当に要求されていたことを窺い知ることが出来る。平成25年4月の交渉入りの際に交わされた書簡で表に出たのは主に自動車関係での「前払い」だったが、このかんぽ、ゆうちょに関する譲歩も当然、ＴＰＰ交渉入りの時の「前払い」だったはずである。

保険分野では、第三分野と呼ばれる分野、特にがん保険は１９９０年代の日米保険協議の結果として外資の独壇場となっていた。20世紀末の段階ではアフラックのシェアは8割を超えていた。また、今でもアフラックの利益の8割前後は日本市場におけるものである。その利権を保持することにアメリカは汲々としている。一方、日本郵政はある時点まではかんぽ生命による参入を相当真剣に検討したと思われるが、この「前払い」でその可能性は断たれた。

その後も、ＴＰＰの陰で常にアフラックの暗躍が垣間見えてきた。平成25年7月には日本郵政とアフラックとの業務提携が行われ、その後、郵便局ネットワークにおけるアフラックのがん保険販売が本格的に進んだ。これも当時進んでいたＴＰＰ交渉の中でのバーターの材料だったと思う。アフラックの商品に郵便局ネットワークを開放するのは、私の目には日本の生損保会社への民業圧迫に見えるのだが、そこまでしなくてはならない交渉上の事情があったのだろう。麻生大臣は、独自のがん保険開発による参入のためには、かんぽ生命と他の民間会社との間の適正な競争条件が確保される必要があり、それには「数年はかかる」と言っていた。しかし、ＴＰＰ交渉が始まって以降のかんぽ生命の動きは独自商品の開発ではなく、アフラックとの提携強化に驀進している。そして、いつになったら、誰が「(麻生大臣が語った)適正な競争条件」を判断した上で、新商品参入が認可されるのか、答えてくれる人は居ない。

アフラックと日本郵政

さて、平成30年末、日本郵政はアフラックに対する2700億円という大規模な出資を決めた。近年、がん保険に参入する会社は増え、アフラックの日本市場シェアは下がり気味であった。新規販売のかなりの部分を郵便局ネットワークに依拠しており、出資による更なる連携強化は渡りに船だっただろう。日本郵政側からしても、流通分野でのオーストラリアのトール社買収が大失敗に終わり、安定的なリターンが望める出資先を探していた。両社の思惑が一致したと言えなくもないのだが、この日本郵政の出資の背景には日米の二国間通商交渉があると疑うことも出来る。これも「ディール」の一部を構成しているのではないだろうか。

なお、同じく平成30年、春の叙勲でアフラック生命会長が旭日中綬章（旧勲三等）の叙勲を受けた。会長はアメリカ通商代表部で日本部長等を歴任し、後述する日米保険協議において日本ががん保険分野でボロ負けした後にアフラックに入社している。日本のかんぽや共済の仕組みを標的にして、政界の裏で暗躍して来たことはよく知られている。授章の理由の一部に「我が国の保険・金融業界の発展に寄与」というものがあった。これまでの経緯を踏まえると、私にはこの表現が何を指しているのかがどうしても理解できない。外国人叙勲は、国務大臣の意見を受けて外務大臣が推薦することになっている。推薦理由からして、麻生金融担当大臣が意見を述べて、河野太郎外務大臣（当時）が推薦したのだろう。何故、こういう判断になったのか、むしろ聞いてみたいくらいである。

本書においては、TPP交渉から現在に至るまでの日米交渉の中で、これまで十分に指摘されてこなかった部分を中心に述べていきたいと思っている。しかしながら、それまでの日米交渉と比較すると、平成25年以降の各種交渉は全体像を把握することが格段に難しい。それは日米関係が重層化していることの証左なのかもしれないし、秘匿性の高い交渉であることも背景にあるかもしれない。そして、本書で触れるが、全く関係のない出来事同士を結び付けてディールしていると思われることが多いこともあるだろう。

外交交渉である以上は、すべてが国民に明らかにされるべきとまでは言わないが、その絡まった糸を解きほぐさないと真の姿は見えてこない。そして、何が起こっているのかがある程度は見えてこないと、国民はその是非を判断することすらできない。いかんせん私自身が第一次資料に接することが出来るわけではないので全体像を明確に知ることは不可能であるが、本書がその一助となることを願うものである。

第1章
アメリカとのゲームの教訓

ここでまず、過去の二国間交渉を簡潔に振り返って、そこから現在にも当てはまる学びを少し得てみたいと思う。１９９０年代に激しかった半導体、自動車、保険に関する協議を取り上げたい。ただし、各テーマについて包括的な記述をするわけではないので、その点はご理解いただきたい。

半導体　数値目標化した曖昧表現

関税撤廃済みにもかかわらず要求された「協議の場」

１９８０年代、日本の半導体がアメリカでのシェアを伸ばし、それと同時期にアメリカの半導体メーカーが赤字に陥っていった。米国議会からは、日本市場におけるアメリカ産半導体シェアの少なさを厳しく批判されていた。後述するが、アメリカのアプローチは常に「世界でのシェアが○○％なのに、日本ではそのシェアに満たない。それは日本市場が不公正だからだ。」というものである。投資・貯蓄の関係、産業構造の違い、国家間の競争等、様々な事情がある中でこんな理屈は経済学的には荒唐無稽である。しかし、それがアメリカ的公正さの背景にある考え方なのである。

昭和60年には通商法３０１条に基づくダンピング提訴、翌年には商務省によるクロ認定と、制裁措置をちらつかされながら非常に状況は厳しかった。日本は半導体に対する関税は既に撤廃していたため、更なる自由化を協議するといってもなにをやるべきなのかとアメリカ側に問題提起をした。しかし、「土俵（協議の場）」を作るよう強く求めるアメリカの要望に応じ、ともかく日米半導体協議はスタートした。

独り歩きしたシェア「20％」

最終的には昭和61年に日米半導体協定を締結する。これは日本のアンチ・ダンピング輸出（廉価販売による市場席巻）防止を規定するものだったが、そこには秘密サイドレターがくっ付いていた。ここで決定的なことが起こる。日本市場におけるアメリカ産半導体シェアが「20％」以上になることへのアメリカ半導体産業の期待感を認識する（realize）という記述がなされたのである。また、日本はその目標は実現可能であり、実現されることを歓迎するとの認識を示した。そして、その後に、きちんとそれは競争的要素、アメリカ側のセールス、日本側の購入努力、両国政府の努力が重要だと書いてある。

官僚的視点で読んでみると、日本が「20％」の数値目標を約束したとは読めない。日本の官僚文学としてはとてもよく出来ていると思う。しかし、一旦書いた「20％」は制御不能な形で数値目標的に走っていく。結局、この協定にも関わらず、アメリカは日本からのダンピング輸出が収まらないとして昭和62年に制裁を発動する。

結局、平成3年の改定日米半導体協定ではこの「20%」が正式な協定文として表に出てくることになる。その際も「シェアの保証」ではないことを明記していたが、この「20%」は事実上の数値目標としてアメリカ側の圧力のネタに使われ続ける。その後、平成8年にはこの協定は失効するが、それは「20%」が達成されたからである。日本の半導体産業は、この協定の結果、その能力をかなり減殺された。日本の解釈では今でも数値目標ではないのだが、その機能としては完全に数値目標であった。アメリカ側からすると、この日米半導体協議は数値目標を約束させ具体的な成果を出したという位置付けだろうし、日本側からすれば、慎重に言葉を選びながら編み出した数字が数値目標化して痛い目に遭ったということだろう。

二つの教訓

ここでの教訓は「土俵を作れば成果を求められる。」、「一度出した数字は必ず独り歩きする。」ということである。どんな国際交渉でもそうだが、特にアメリカとの間で最も重要なのは「土俵」作りである。どういう内容について、どういう時間的な枠組みで、どういう協議をするかの土俵の作り方で相手のペースに乗るとどんどん不利になっていく。また、「数字」については日本的な逃げのワーディングは絶対に通用しない。「何を義務的に約束したか」ということは勿論重要だが、時に「どういう期待感を煽ったか」の方が遥かに重要なのである。法文官僚は前者を重視するが、政治においてはむしろ後者の方が重要である。

自動車　業界自主計画という事実上の規制

交渉では排除した数値目標

昭和55年、全米自動車労組などが通商法301条に基づく日本車の輸入制限を求めたが、結局シロ判定となった。しかし、圧力は収まらず最終的に日本政府が昭和56年に輸出自主規制を導入した。この輸出自主規制は、WTO協定で禁止されるようになったため平成5年で終わっている。WTOの基本的な考え方は、「貿易が増えることは良いことだ」というものであり、それを阻害する要因として輸出自主規制は禁じられた。

しかし、その時期になると、今度は米国で現地生産する自動車の米国製部品の調達、アメリカ車の日本でのシェアが少ないことをアメリカが非難し始める。平成7年には、ミッキー・カンター通商代表が日本市場の閉鎖性を理由に、通商法301条を発動して「レクサス」など日本製高級車の輸入に100%の関税を課すと発表した。この時の交渉でカンター通商代表が橋本龍太郎通産相（当時）の喉元に竹刀を突きつけるパフォーマンスをしていたのを覚えている方は多いだろう。

橋本通産相は、半導体交渉で曖昧な表現が数値目標化したという経験を熟知していたので徹底して数値目標を受け入れなかった。この見識は立派だと思う。今、思い直しても見識の高さという観点では歴代内閣総理大臣の中でピカ一の方だった。当時、橋本・カンター間で一言一句細かく交渉したため、その細かな機微を訳することが出来ず通訳の方からギブアップ宣言が出たという逸話も残っているくらいである。

この時の決着は実は「業界自主計画」であった。最終的な合意文書は、徹底的に日本政府による数値目標を排除している。アメリカ政府が、アメリカ車の販売拠点の拡大、アメリカ製部品の購入増、現地生産の拡大の見積もりをしたことに対して、日本政府は関与しない姿勢を明確にした。また、日本の自動車産業が海外生産の拡大、アメリカ製部品の調達の自主的な計画を作ったことについても、日本政府は関与しない姿勢を貫いた。しかし、この自動車業界の自主計画は事実上の数値目標として機能した。

政府が輸出自主規制をするのはWTO協定で禁じられたが、日本の自動車業界が自主規制、自主購入計画を作るのを禁ずる国際的なルールは存在しない。日本政府は「業界自主計画には関与しない」とアメリカ政府に念押ししたため、国家間の通商ルールのあり方としては数値目標を排除した非常に美しい形で結果を残した。しかしながら、アメリカ側からすれば、政府の自主規制であろうが、業界の自主規制であろうが、実が取れれば何でもいいのである。

アメリカは、公正を実現するツールとしての数値目標的なアプローチを志向することは言うまでもないが、その達成手段については拘泥しない。最終的には業界自主計画でもいいので、実を取りに来るということは教訓として残しておくべきかと思う。

日本市場は閉鎖的か？

なお、これだけ手取り、足取りしたにも関わらずアメリカ産の車のシェアは結局日本では大きく伸びることは無かった。民主党政権時代にもその要求は強く、エコカー減税やエコカー補助金を非関税障壁扱いしてきた。ヒラリー・クリントン国務長官から強く押し込まれた民主党政権は、（非常に燃費の低い）アメリカ車のハマーにまでエコカー補助金を適用した。「重量の割には燃費がいい」という理屈らしいが、今思い出してもお笑いの類にしかならない。それでもアメリカ車の日本でのシェアは伸びなかった。一方で欧州車は順調に伸びてきており、輸入車の8割は欧州産となっていた。平成28年にはフォードが撤退した際、「日本市場は閉鎖的」という捨て台詞を残していったが、誰が見ても欧州車との比較で営業努力不足は明らかであり、フォードの捨て台詞がまともに受け止められることはほぼ無かった。歴代アメリカ政権が言ってきた「日本市場は閉鎖的」というフレーズは検証されるべきであろう。

保険　阻まれた自国市場への参入

激変緩和措置――全く異なった日米の読み方

1990年代半ば、保険分野は多岐に亘って自由化を求められ、日米間で交渉を行った。その中でも大きな問題とは「第三分野への国内生損保の参入」であった。当時、傷害、疾病、介護といった生保と損保の中間に当たるいわゆる第三分野は外資系保険会社が非常に強い分野であり、ここに日本の大手生損保会社が参入し始めることをアメリカは懸念していた。

平成6年、長年の交渉の結果、日米保険合意を妥結した。これは日本の解釈では次のようなものだった。①日本の生損保会社の本体が第三分野に参入をすることについては、日本の生損保分野での相当程度の部分での規制緩和がない限りは認められない、②ただし、生損保会社の子会社による第三分野参入については「急激な変化を避ける」ことが確保されれば認められる（激変緩和措置）。実際にこの合意を踏まえた平成7年の新保険業法で、日本は激変緩和措置を盛り込み、生損保子会社の第三分野参入に向けて準備していた。

しかし、ここで日米の読み違いが生じていた。アメリカにとっての激変緩和措置とは、日本の生損保分野での相当程度の部分での規制緩和がない限り、日本の大手生損保会社のみならず、子会社も含めてすべて第三分野への参入は認められない、そして、その時点での日本の規制緩和は不十分である、というものであった。(自国の企業が強い)第三分野に、日本の生損保子会社が参入してくると自国資本の保険会社の日本市場における既得権が失われるとの懸念から、アメリカはかなり強い立場で出て来ていた。

「同床異夢」のもたらしたもの

改めて当時の合意文を読み直してみると、日本側の甘さが目立つ。何を以て「相当程度の部分での規制緩和」とするのか、何を以て「急激な変化」とするのかといった部分の詰めが甘い。そして、英語の表現そのものが十分に詰め切れていない。しかも、合意文から導き出す日本の解釈にも無理がある。日本側も懸命に反論したのだが、最終的には、平成8年末に追加的措置という形で合意した。同合意では、生保の損保子会社による傷害保険は平成9年からの参入が認められたものの、平成13年に保険分野が完全自由化されるまで、それ以外の第三分野は日本の大手生損保会社は子会社であろうとも一切参入できないことで結論が出ている。

結果として、5年遅れの平成13年1月に大手生保と大手損保の生保子会社によるがん保険参入が認められ、その後同年7月に大手損保による参入が認められた。特に収益の大きいがん保険は、この間にアメリカ系企業のアフラックが日本市場を席巻してしまい圧倒的なシェアと競争力を持つことになる。日本企業に自由化した段階では、もはやアフラック等の外資系の寡占状態は揺るぎないものとなっており、日本企業は自国の市場であるにもかかわらず、後発組として商品開発から市場展開まで非常に苦労している。

つまり、アメリカが平成6年合意において理解していた「激変緩和措置」とは、日本の企業が入って来ないことだったのである。そこが曖昧なままだったことがこのような事態を招いた。結果として、子会社の形態を通じて第三分野に進出できると信じて準備して来ていた国内生損保は、5年間お預けを食う形になり営業戦略の大幅な見直しを迫られた。また、アフラックを始めとする外資系に大量の国富が流れていくという結末を作ってしまった。20年経った今、日本企業の商品開発努力はかなり進んできたが、がん保険におけるシェアでは、アフラックの優位性はかなり維持されている。

アメリカのみならず、どの国との交渉でも同じだが「同床異夢」だと思われる表現は徹底的に潰しておかないと、そこが蟻の一穴になる。特にアメリカは、保険協議で明らかになった様に、蟻の一穴から大洪水を作り出すくらいの勢いで突っ込んでくるので要注意である。

第2章
アメリカ流ゲームのやり方

この章では、アメリカの通商政策の中で、その「独特さ」の背景にある発想について、思う所を書き連ねていきたい。

「公正」とは何か?

「自由で公正な貿易」の意味

アメリカという国の通商政策を見る時に、最も重要なキーワードは「自由で公正な貿易」ということである。そして、この「公正」という言葉がくせ者である。アメリカ人は「フェアネス(公正さ)」をとても重視する国民だと思う。彼らが「アンフェア(不公正)」だと口にする時は相当深刻に問題視していると思った方がいい。

ただし、その公正の中身は問題が多い。普通に考えれば「差別しない」ことや「みんな平等」を指すと思うだろう。であれば、その無差別の理念はGATT/WTOに十分に体現されている。GATT/WTOルールの基本はすべての者に対して「no less favourable(より不利でない)」な待遇を確保することであり、それが貫徹される限りにおいて、不公正が生じるおそれはない。

ここでアメリカが出してくるのが、「非関税障壁」という言葉である。アメリカは「たしかに関税の分野では平等だ。しかし、日本には非関税障壁があって、アメリカ産の製品が日本市場に入るのが何らかの形で妨げられている。だから、非関税障壁を撤廃すること、アメリカ産製品を積極的に買うこと、これをやってもらわないと公正な結果が実現出来ない。」と主張する。

ここで「no less favourable（より不利でない）」が「more favourable（より有利な）」に転換される。日本市場において、日本製品よりもアメリカ製品を積極的に買うことが公正の実現なのだ、という理屈になっていくわけである。

非関税障壁と不公正貿易

では、日本はどれくらいの非関税障壁があり、不公正貿易を実施しているのであろうか。たしかに非関税障壁はある。ただ、アメリカの言う非関税障壁の中には政府としては如何ともしがたい商慣行みたいなものまでが含まれる。そして、そのようなものはどこの国にもあるのであり、他国に進出した企業はその慣行に何とか適応しながら市場開拓をするのが常である。

「何故、ベンツが売れて、アメ車が売れないのか。考えたことあるか?」、私は何度もアメリカの通商担当者に聞いたことがある。彼らはこの手のテーマには答えを持っておらず、ただ「不

「公正」を口にするだけである。

ある方が言っていたことだが、「非関税障壁とか不公正貿易といったものはタマネギみたいなもの。一枚一枚皮をめくっていくと最後は殆ど何も残らない。究極の非関税障壁は『(アメリカ人が理解できない)日本語で話している』ということなのかもしれない。」というのは真実の一面だと思う。日本はこれまで数多のアメリカからの非関税障壁撤廃要求に応じてきた。それでもアメリカ産のシェアが伸びないものは伸びない。日本市場に適応する努力が不十分だからである。

最終的には「アメリカ産が世界で○○%のシェアを持っている。日本市場でのシェアはそれより低い。それは日本が閉鎖的だからだ。」という理屈しか残らないように思う。日米半導体協議の際、良く使われた論理である。それは論理的でも何でもなく、結果から理屈を導き出しているに過ぎない。

「公正」を実現するツール① 通商法301条

満足しないアメリカ

悪名高き「通商法301条」は、通商代表部が相手国の取引慣行について調査を行い、不公正な取引慣行と判断した場合、当該国と協議することを義務付け、問題が解決しない場合の制裁について定めたものである。1980年代は自動車、半導体といった分野で調査がスタートされた。自動車では、日本車の輸入増とアメリカ車の不振に対して301条提訴が行われたが、結果は日本に対してシロ判定が出たため制裁は打たれなかった。しかし、その後、レーガン大統領からの求めで日本は輸出自主規制に応じた。半導体においてもダンピングの疑いから通商301条提訴が行われ、後の日米半導体協議に繋がった。いずれもアメリカ国内の経済事情が大きく影響したものだったが、1980年代だけでも日本はかなり痛い目に遭ってきている。

しかし、アメリカ議会は、自国の政府が301条発動に積極的でないと判断して、昭和63年に通商法301条を強化するスーパー301条を盛り込んだ改正を行った。これは何かと言うと、通商代表部に対して、不公正貿易をしている国や、その国がアメリカの輸出に悪影響をもたらしている慣行を特定する報告書を出すよう求め、その特定された慣行に対して301条調査を発動することを義務付けている。つまり、相手国の慣行が不公正であるか否かを判断する調査が、裁量のない形で促されることとなる。

「調査」という名の脅し

これは基本的には「脅し」のツールである。最終的に打たれる制裁は、GATT／WTOのルールの下では正当化できないものばかりである。しかも、スーパー301条においては、一方的に通商代表部から不公正ではないかと目を付けられると自動的に調査が始まってしまう。ここで重要なのは、調査が入ると対象国は制裁発動を恐れるため、自主的に何らかの措置を取ってアメリカのご機嫌を取らざるを得なくなるということである。つまり、国際法上違法な制裁をちらつかせながら「調査」という名の脅しを入れて、相手の貿易慣行を改めさせるのが通商法301条のやり方であり、その発動が自動的に行われるのがスーパー301条である。

特に昭和63年にスーパー301条が導入された時、日本はかなり激しく反発している。当時の駐米日本大使は米通商代表に「スーパー301条の一方的な適用は、善意ある努力を重ねてきた日本政府、国民に大きな失望を与え、国民的反発が予想され、懸案解決を一層困難にする。その責任は日本にはない。日米間の諸問題は従来同様、協力の精神により、話し合いを通じて解決するように努力するが、スーパー301条による制裁は一方的な措置であり、強く反対する。」と述べている。また、スパコン、衛星、林産物について不公正な慣行が特定された際、当時の宇野宗佑外相は「アメリカだって不公正慣行がたくさんある中、こういうやり方は公平性を欠く。」とかなり激しく反発している。アメリカにガンガン嚙み付いた時代であった。

その後、紆余曲折がありつつ、現在は平成27年に全面改正された通商法301条が存在している。これはアメリカの輸出に悪影響をもたらしている慣行を特定する報告書を義務付けているが、その特定された慣行に対して301条調査を発動することは義務付けていないという点でかつてのスーパー301条よりは弱いと言えるだろう。ただ、歴代アメリカ大統領は常にこういう脅しのツールを持っていることになる。

そもそも、違法な制裁をちらつかせながら調査を入れるやり方そのものが、GATT／WTO上違法なのではないかという問題がある。私はかねてからこの手法の問題点を国会で指摘していたが、現在の政府答弁は「WTO協定の紛争解決了解に基づかないで一方的措置が採られたら問題」という一線を越えない。つまり、違法な制裁が打たれたら、その時点で「おかしい」と声を上げるということである。私はこれではかなり弱いと思う。まず、通商法301条の仕組みそのものを問題としないのであれば、通商法301条に基づく「調査」は、外形上は単なる調査に過ぎず問題ないということになりかねない。「アメリカとして、不公正かどうかを調べて何が悪い。」と言われ、調査が開始する時点では非難しにくいということになる。そして、基本的に制裁は発動されないことの方が多い（特に対日本では考えにくい）。

調査が始まったら、自主的に慣行を改めるのがこれまでの常だからである。そうすると、後から見直してみたら、外形上はどこにも違法性は無いということになる。しかし、この手法が横行することは明確に通商ルールの精神に反するものであり、調査の段階から根源的に受け入れられないとすべきだと思う。

アメリカ版公正な貿易を求めるツールとしての通商法301条であるが、基本的にはこのような脅しの手法を認めないという姿勢は維持すべきである。日本はかつて厳しい姿勢を取っていたが、最近は301条そのものを問題視することは無くなった（スーパー301条は失効中）。日本が非難するポイントが、徐々に「301条のあり方そのもの」から「措置の発動」の時点へと後ろ倒しになっているように見えるのは私の解釈が悪いのだろうか。調査を何らの問題もないとしてしまうと、「脅し」が入ることを受け入れていることになる。

トランプ大統領の問題か？

ただ、ここで考えてもらいたい。トランプ大統領のやり方は、これまでの政権と比べて通商法301条における「制裁」の発動ポイントが少し早く、かつ頻度が多いだけだと見ることが出来る。制裁を課すぞと言って脅すか、制裁を課して脅すか、その違いに尽きる。長年こういう通商分野を見ている者からすると「昔からアメリカとはそういう国。ただ、程度の差があって、一番露骨にやっているのがトランプ大統領であるだけ。」というくらいの感想になる。ここを勘違いしてはいけない。今のトランプ政権の手法の根源にある理屈は、元々アメリカ政治のメインストリームを形成していた（通商法を作っているのは連邦議会議員である）。単にトランプ大統領は刀を抜くのが非常に好きで、そのタイミングが他の大統領より早いだけなのである。現在、トランプ大統領が採用している手法を同大統領固有の問題に矮小化するのは間違っており、常に日本としてしっかりとした見識を持つべきなのである。

「公正」を実現するツール②　アンチ・ダンピング

自由貿易を蝕む運用

「公正貿易」を確保するもう一つの大きなツールが、アンチ・ダンピング措置である。簡単に言うと、相手国のマーケットを占有する目的で原価割れするくらい安値で輸出してくることを防止するというものである。経済学的には、ある商品を作っている企業が国内市場で多くの利益を確保して、その利益を元手に外国に安値販売を仕掛けて市場独占を図ることはあり得る。これは不公正なので防止しようというのが元々の発想である。

つまり、これは「自由貿易」のツールではない。典型的な「公正貿易」のツールである。自由主義経済の中で合理的に判断して外国市場を席捲しようとする者を、不公正という理由で排除するのであるから、当然そうなる。基本的には自由貿易とは反対の方向を向いていると言ってもいいだろう。

これは正しく運用されるのであれば、不当な廉価販売を防止することになるのだが、アメリカが課しているアンチ・ダンピング税は、廉価販売による損害の算定、算定のプロセス等について問題が多い。本来、アメリカ企業に損害を与えていないのに簡単に損害が認定されるような算定方法だったり、アメリカ国内法の手続きのスピードについてこられなかったら不利なデータで算定されてしまったりと、もうやりたい放題である。特にアメリカの鉄鋼産業などは、このアンチ・ダンピング措置を国内産業保護のための利権化している。

そもそも、アメリカのアンチ・ダンピング税には長期に亘って維持されているものが多いことを私は問題視してきた。昭和53年以来課されているPC鋼より線、昭和62年以来課されたままの溶接管継手等が代表的である。常識的に考えて40年以上も廉価販売をするような企業は存在せず、アンチ・ダンピング税は、ダンピング措置が是正されたら止めるべきものである。WTO協定の枠組みの中に、一定期間経ったらアンチ・ダンピング税を見直す「サンセット・レビュー」という仕組みがあるが、アメリカは「見直した結果、継続することにした」としれっと言うだけである。アンチ・ダンピング関連法の後ろには連邦議会議員がいるので、通商代表部として譲歩が出来ないのである。

ただし、近年は中国による発動が増えている。また、東南アジア諸国による発動も増えている。全体的に見ていると、ある産品の日本企業の市場シェアが増えそうになると「(国内産業への)損害」が簡単に認定されてアンチ・ダンピング税を打たれてしまうので、日本企業の市場シェアが極度に増えないように厳格に輸出を管理しているというのが実態である。ここまで来ると、もう「公正貿易」のツールとすら言えず、完全に国内産業保護のツールと化してしまっている。しかも、発動防止のために、輸出国側企業が輸出量の自主管理をするに至っては論外である。

このアンチ・ダンピング措置は、経済学的には正当化の契機が存在しているとは思うが、現在の実際の運用は極めて醜悪なものになってきている。アメリカの産み出した「公正貿易」は世界の自由貿易に害悪をバラまいているとつくづく思う。

アンチ・ダンピングの具体的事例——電磁鋼板

私は現職の国会議員時代、アメリカによる電磁鋼板へのアンチ・ダンピング税の不当性について何度か委員会質問をした。これは地元北九州市にある日本製鉄九州製鉄所（八幡）の主力製品の一つである電磁鋼板が絡んでいたため、踏み込んで取り上げていた。

平成26年、アメリカ政府によって日本から輸出する無方向性電磁鋼板へアンチ・ダンピング課税が行われた。無方向性電磁鋼板というのは、モーターとかに使われる鉄鋼を想像いただきたい。平成22年には日本からの輸出は2万トン強だったが、課税直前の平成25年には1万5千トン以下まで減ってきており、日本の輸出が廉価販売でアメリカの鉄鋼産業に不当な損害を与えているという事実はないはずである。しかし、日本、中国、韓国、台湾、ドイツ、スウェーデン全体で調査が行われ、日本の輸出減は考慮されることなく、最終的には日本の無方向性電磁鋼板には135・59〜204・79％の課税がなされた。いわばとばっちりみたいなものだと思っている。

ここで問題だと思ったのが、韓国から輸出する無方向性電磁鋼板に課せられたアンチ・ダンピング税は6・88％。日本から輸出するものと比較すると、最高200％弱の差があることになる。では、日本は韓国と比べて200％分も廉価販売をしているのか、ということになるわけだが、いくら韓国の方が安く生産していたとしてもそんな差にはならない。単にロビーイングの差だろう。

結局、技術的に見た公正な判断など誰もしていないのである。元々の発動がアメリカ国内の鉄鋼産業から連邦議会議員へのロビーイングであり、発動対象と税率を決める際には、諸外国からのロビーイングで露骨な差が付くということになる。この事例から見るだけでもアメリカのアンチ・ダンピング措置が如何に論理的でなく、当てにならないものかがよく分かる。

第3章

TPP交渉というバトル・フィールド

ここからは、日米通商交渉の原点であるTPP交渉に入っていきたい。なお、ここで述べる話はTPPのみに限定されることではなく、その後の日米二国間交渉にも当てはまるものである。

交渉体制が孕んできた問題点

「『交渉全体としてバランスの取れた結果を目指す』という交渉方針は当省としては絶対に受け入れられない。」

外務省時代、WTOドーハ・ラウンド交渉担当をしていた際、省庁間協議で私が何度も言われたフレーズである。これが日本の通商交渉の現実だった。

「農業は別枠」というスタンス

読者各位は、次の言葉を聞いてどう思うだろうか。「WTOドーハ・ラウンド交渉においては、交渉全体のバランスが取れた結果を目指す。」。普通に聞けば「当たり前じゃないか。」と思うだろう。しかし、少なくとも農林水産省的にはこれはNGワードであった。交渉全体でバランスを取るということは、日本は得意な鉱工業品で成果を得て、農業では譲歩をするということを意味すると解釈され得るものだったようである。

「交渉全体のバランスが取れた成果を目指し、かつ農業においてもバランスが取れた成果を目指す。」。これが政府の公式ポジションであった。正しいと言えば正しいのかもしれないが、この路線だと、交渉の中から農業だけが切り離されたような構図になる。この論理の延長上にあるのは典型的な縦割り交渉である。この言葉に代表されるように、農林水産省は常に「自分達は別枠で判断させてもらう」という姿勢が強かった。

通商交渉では「すべてが合意されるまでは何も合意しない（Nothing is agreed until everything is agreed）」ということがよく言われる。交渉の全体像を見ながら一括で妥結するということでもある。これを専門用語で「シングル・アンダーテイキング」と言う。この考え方は「交渉全体のバランスが取れた成果」ということと表裏一体である。

これは「いいとこどりのつまみ食い」はダメだということを意味する。一部だけを切り出して合意するのを「アーリー・ハーベスト（早期収穫）」と呼ぶが、交渉においてこれを認めてしまうと「つまみ食い」が横行して収拾が付かなくなるので極めて例外的にしかやらない。ただし、農林水産省のように「農業は別枠」という姿勢は、論理的には「アーリー・ハーベスト」と大差ない。

当時は、農業での自由化要求がキツい時に「農業でそこまで要求するならば、工業品での市場開放の譲歩をしろ。」という主張をすることすら憚られた。「同じバランスの上に乗せないでくれ。」ということである。そういう趣旨の対処方針（交渉の指針）を書いて、省庁間協議をしたら農林水産省から全削除の要請があったのを覚えている。「農業は別枠」の発想は国内ではかなり強かった。

こういう縦割りを許す役所文化の中では、ある役所が寝転がってしまうとすべての意思決定が止まってしまう。私は何度もこの「寝転がる役所」の存在に苦しめられた。

一元化をめぐるポリティクス

なので、交渉体制の一元化というものが必要なのである。言い換えれば、交渉に携わるすべての関係者の忠誠心を一人の大臣に集約するということでもある。ＴＰＰ以前は、各省庁がそれぞれの分野を担当し、それを外務省が総合調整すると建前上言ったところで、そのようにはならないことが多かった。各省庁の忠誠心が全く別の方向を向いており、集約されることが無かったのである。法令上、総合調整の権限を持たない外務省の調整能力は極めて限られていた。

かねてから、交渉全体のバランスが取れた成果を目指すための交渉体制の一元化は課題であったように思う。しかし、過去においては省庁間の思惑の違い、権限争いによって阻まれてきた。外務省時代、政権中枢を巻き込む形での激しいやり取りを目の当たりにしていたのでよく分かる。なお、当時は経済産業省が一元化に熱心だった。

これらのポリティクスの背景には、各省庁の権限の源泉となる「設置法」があった。例えば、経済産業省は「通商政策」、農林水産省は「農林水産品の輸出入」、財務省は「関税制度」、外務省は「対外経済関係」や「条約」という権限をそれぞれ持っている。それぞれの権限が確立しているので、それらを背景に通商交渉に入って来る。この法律の壁の厚さは、省庁間の壁の厚さに直結している。

国務大臣の権限一元化

その観点から、安倍政権がＴＰＰ交渉において甘利明大臣に交渉権限を一元化したことは非常に良かったと評価している。私は外部からしか見ていなかったが、関係者が内閣官房に集結して一つのチームとして頑張ったことがとても上手く機能したと内部の方から何度も聞かされた。国内調整において、特定の省庁が自己主張から一歩も動かずに寝転がり続ける芸当は、この体制では通用しなかっただろう。なお、現時点では、通商交渉の体制一元化についてはTPP及び日米貿易交渉のみが例外化しており、それ以外は相変わらず縦割り感が否めない所がある。日EU・EPAは外務大臣が主担当で、経済産業省は東アジア地域包括的経済連携（RCEP）を強く推進している。多忙な国務大臣間での役割分担と言えば言えなくもないが、恐らくは省庁間の感情的な対抗意識が背景にあるだろう。縦割りが過ぎると、「どこの国とどういう交渉をするか」も省庁間の手柄争いに巻き込まれてしまう。

ただし、TPPや日米貿易交渉の体制構築に課題が無かったわけではない。甘利大臣は内閣官房の下にチームを置いた。実は内閣官房の権限というのはあくまでも「総合調整」だけである。私は設置法改正にまで踏み込んだ上で「日本版USTR（通商代表部）」みたいな組織を恒常的に作った方が良いと思う。これは役所の権限に手を付けるので大変なことになる。TPPの際、甘利大臣が法的には緩やかな仕立ての陣容を選んだというのは、設置法まで手を付けていたら大変なことになると思ったからだろう。しかし、中長期の課題としてはそこまでやるべきである。交渉権限が一閣僚に集約していない国など、世界の中では本当に超マイナーである。一つの通商交渉に複数閣僚が出ていく見苦しさは何度も経験したし、そのような日本の姿をバカにする外国の交渉担当者の声は何度も聞いた。

対米萎縮とＴＰＰ悪者論

批判しやすかったＴＰＰ

「自由貿易協定（ＦＴＡ）や経済連携協定（ＥＰＡ）ならいいけど、ＴＰＰ（環太平洋パートナーシップ協定）だけはダメだ。」

この10年弱、何度も聞かされた議論である。実はこれ程、日本人のアメリカに対する歪んだ思いを投影した誤った主張はない。論理としても、用語の使い方としても１００パーセント間違っている。しかし、この種の議論は手を変え品を変え今でも出没する。

日本の通商政策の来し方行く末を考える時、アメリカとの関係は絶対に外せない。経済のみならず安全保障等を含めた関係が非常に深いということがあるためである。そして、過去、アメリカとの関係が強固であることで恩恵を受けて来たし、１９８０年代以降幾度となく痛い目にも遭ってきた。

日本人は総じて、「対アメリカ」となると非常に身構える。しかし、それと同時にアメリカを直接批判することを憚る。「アメリカとの自由貿易協定など嫌だ」と口にするのは、日本の経済的立ち位置を考えると無理であり、格好悪いという意識がある。そこで丁度都合が良かったのが、「ＴＰＰ」というシンボルである。密かに思っている「アメリカ、嫌だ」を口にすることなく、それとほぼ同義のことが言えるシンボルとしてＴＰＰは最も適していた。そして、「アメリカ、嫌だ」の代替物としてのＴＰＰは徹底的に悪者になっていく。

ＴＰＰ交渉を始めるかどうかという時の議論でそれを強く感じた。ＴＰＰが話題になり始めた頃、まず、私が最初に思ったのは「何故、ＴＰＰだけがあんなに盛り上がっているのか？」という疑問だった。普通の自由貿易協定（ＦＴＡ）や経済連携協定（ＥＰＡ）とは全く別物の「ＴＰＰ」という怪物がいたかのような認識を持っている方は今でもまだかなり居られる。

FTA／EPAとTPPは違うのか？

ここまでＦＴＡ、ＥＰＡといった言葉を説明無しに使ってきた。概念整理を含めて解説しておきたい。世界の貿易ルールの基本となるＧＡＴＴ／ＷＴＯでは「みんな平等」の原則がある。ある特定の国にだけ関税を下げることは原則的には認められていない。しかし、例外として「関税等を実質上すべての貿易について撤廃」するのであれば、ある特別の国だけに対して関税を下げていいということになっている。これが自由貿易協定（FTA）と言われるものである。そして、関税の自由化のみならず、電子商取引、投資、検疫等の幅広い分野に取り組むものが経済連携協定（EPA）である。通商法上、「みんな平等」の例外が幅広く認められるルートはここにしかない。

なので、環太平洋地域の限られた国の間だけで自由化を進めるTPPも、このFTA／EPAに関するルールの上にある。そのルールは日本がこれまで締結してきたすべてのFTA／EPAと全く同じである。TPPだけに特別なルールが存在しているわけではない。

「これまでのFTA／EPAでは自由化の例外がある程度認められたが、TPPでは高い関税の撤廃率を要求される」、何度も聞いた議論である。間違っているとまでは言わない。これは正確に言うと「これまでは途上国とのFTA／EPAばかりで比較的楽だったが、TPPは先進国とのFTA／EPAであり本格的になる。」ということである。しかし、繰り返しになるが、元々のルールは「関税等を実質上すべての貿易について撤廃」である。途上国との間で例外をたくさん取れるEPA／FTAに慣れてきた日本が、遂に本格的に先進国間でのEPA／FTAに乗り出した、そして、先進国間では自由化ルールの解釈が厳格だ、それだけだった。

したがって、通商法の視点から見ると、TPPという「箱」だけを批判するのは論理が一切通らない。「箱」を批判するのであれば、これまで日本が締結したすべてのFTA／EPAを批判しなくてはならなくなる。

TPP交渉と日EU・EPA交渉を比較してみればよく分かる。私の常識から言えば、TPPでの各国からの要求とEUからの要求にそれ程の差はない。分野によってはEUからの要求の方が厳しいこともたくさんある。にもかかわらず、国内での注目の度合いは雲泥の差であった。国内での注目度の差が政府の体制にも影響を及ぼした。TPP交渉は、内閣府特命担当大臣を置いて交渉一元化となり、EUとの交渉は、以前よりもかなり改善されたもののベースは従来通りの縦割り型であった。この差は何だったのだろうかと今でもよく考える。

行き着く結論は、「TPP悪者論」の裏には、日本人がアメリカに対して持つ愛憎半ばする感情が根底にあるということである。TPP悪者論者は今でも日本にたくさん居るが、それは「アメリカ、嫌だ」を表向き言えないから、TPPというシンボルを叩いているに過ぎない。結果として、議論を進めていくと、TPPへの代替策を有していないことが多かった。そして、TPPというシンボルが無くなった後の日米貿易交渉ではもうTPPの時のような反対運動は起こらなかった。TPPよりも筋の悪い結果が来ることが分かっているにもかかわらず、である。やはり、「アメリカ、嫌だ」は言えなかったのである。

関税撤廃の国際的相場観の必要性

ＴＰＰを恐れずに前へ進んでいこうと言うと、「すべての品目での関税撤廃を求められることに責任が取れるのか。」という反論が返ってきた。私の答えは「そんなことにはなりませんよ。」だったのだが、「絶対そうならないという確約を出してみろ。」と言われると打つ手は無かった。そんな確約を出せる人間はこの世の中には居ない。ただ、この理屈であれば、結果として、日本が不利な状態になる「かもしれない」国際交渉にはすべて行けなくなってしまう。生き馬の目を抜く様な国際社会において、「かもしれない」では納得せず、必ず勝てることが分かっている交渉にしか行かない国に活路は無いだろう。絶対に事故が起きないことが確約されない限り、飛行機には乗らないという人には海外旅行が無理なのと同じである。

ＴＰＰ交渉に乗り出す前、日本が締結していたＦＴＡ／ＥＰＡでの関税の撤廃率は最も高いもので90％程度だった。関税の世界での品目（タリフライン）は約９０００であり、ＴＰＰ以前はその10％に当たる９００の品目が一度も撤廃したことが無いものであった。勿論、大半は農林水産品であった。ＴＰＰ交渉入りを検討するに際して、常に私の頭の中には目指す撤廃率として「95％」という数字が頭に浮かんでいた。つまり、それまでの撤廃品目にあと４５０品目積み上げようということである。民主党政権時代、私は現職議員として常に「まずは95％まで頑張ろう。５％以下の低関税は撤廃するといったやり方もある。全部は撤廃出来なくても分類分けをしっかりやれば撤廃出来るものが出てくる。今の９００という未撤廃品目の数を半分の４５０（全体の５％）まで減らせたら、そこからが勝負だと思う。」という話をしていた。技術的に緻密に「撤廃できるもの」、「できないもの」を分けることで撤廃品目を増やすことは可能だった。知恵を出しながら、一つ一つ何とか４５０の撤廃品目を積み上げることでＴＰＰでも十分にやれる、そう信じていた。

最終的なＴＰＰにおける日本の関税撤廃率を見ていると、金額ベースでも、品目ベースでも概ね95％であった。私が何度も強調した読みはほぼ当たっていた。無論、私は具体的な交渉に携わったわけではないので、自分の読みを自慢したいのではない。甘利大臣を中心とする交渉チームの努力があったために この95％に漕ぎ着けられたわけであり、すべてはそこに尽きる。私が言いたいのは「そんなもんなんですよ。」ということである。

現在のアメリカの自動車の関税に対する立ち振る舞いを見れば分かるだろう。「聖域なき関税撤廃」は、一部の国（シンガポール等）を除けば、どの国でも非常に苦しいのである。そのような主張を突き付けられたら、アメリカが絶対に受けられないような「自動車関税即時全廃」、「政府調達の全州開放」、「10年以上継続するダンピング措置は廃止」等のカウンターアタックで応じればいいだけである。そのような「たかの括り方」「ハッタリのかまし方」が、通商交渉ではとても重要である。その時、アメリカ側が激しく動揺するだろう。そこからが勝負なのである。逆に、「聖域なき関税撤廃」という言葉を言われた途端に、日本人の生真面目さから国内世論が沸騰している姿は、アメリカ側からすると「飛んで火に入る夏の虫」状態であり、脅し・強請の対象としてはカモなのである。

実際のところ、政権交代直後の平成25年2月の日米首脳会談では「日本には一定の農産品、米国には一定の工業製品というように、両国ともに二国間貿易上のセンシティビティが存在することを認識しつつ、両政府は、最終的な結果は交渉の中で決まっていくものであることから、TPP交渉参加に際し、一方的にすべての関税を撤廃することをあらかじめ約束することを求められるものではない」ということを首脳間で確認した。これを取り付けた後、3月の交渉参加の意図表明、4月の交渉正式参加と繋がっていく。

私にとっては、何らの真新しさはない。当たり前のことを当たり前に言っているだけである。「聖域なき関税撤廃」を前提とすることなど誰も想定していなかった。こんな当たり前のことに騒ぐのは、恐らく世界で日本だけである。少し視点を変えると、現政権が期待感の操作をしようとしたのに国民が乗せられたとすら言える。つまり、最初は「『聖域なき関税撤廃』が来るぞ。」と脅しておいて、そうでない状況を確約させることで国内の反対論を抑えるという手法である。

むしろ、ここでは日本の「一定の農産品」と米国の「一定の工業製品」が同列で並べられてセンシティビティがある、翻訳すると、アメリカは自動車の関税を撤廃することに困難があると言っていることの方が重要だった。アメリカの自動車産業の競争力の低さや内政上の事情から関税撤廃の困難性が高いのである。アメリカにもこれくらいしつこく関税撤廃から逃げなくてはならない分野があるということである。日本の農業だけが自由化に困難を抱えるのではない。その相場観を一人でも多くの国民に持っていただくことが、日本の通商交渉の将来のためには必要だと思う。日本は農林水産品で負けることばかりを考え、そして、この首脳間の確認で負けを食い止めた気持ちになったであろうが、アメリカから見た日本像は全く異なっているのである。

要望を聞きたくない政府、言わない経済界

一方、推進派たるべき経済界についても発言が弱いと思うことは何度もあった。「自由貿易は良いことだ」のレベルで止まっているのではないかと疑ってしまうことすらあった。過去の通商交渉においても、TPPや日米貿易協定交渉においても、アメリカは日本の様々な制度、

慣行に手を突っ込もうとしたが、日本側からアメリカに求めたものは少なかった。経済界からの厚かましいくらいのインプットがあって良いと思う。

本来であれば、アメリカ通商法で定められているのと同じように、通商交渉をする前には関係業界団体から公聴会を行うというのが良いと思う。アメリカの通商法ではこの公聴会が義務付けられていて、多種多様な業界が意見を述べ、それを踏まえて通商代表部は戦略を策定することとなっている。基本的には「この分野で成果を得てきてほしい」という攻めの話が中心になる。

これを日本でやろうとすると何が起こるだろうか。まず、政府がこれを嫌がると思う。平場で正式に要望を聴取した結果、関係業界団体からの直接の圧力に晒されることを官僚はとても嫌がる。そして、農業界は「負けるな」の大合唱。経済界は「どうせ取れないから」と諦めの境地から、大した要望をしない。概ねこういう姿が想像出来る。結果として「農業界からの『負けるな』の大合唱だけで終わりますから、そもそもそんなことをやるのを止めましょう。」という声が政府部内で強くなるだけである。このいびつな構図は日本特有のものである。

脆弱性を抱える農業界が「負けるな」の大合唱になるのは当然であり、それは批判されるべきことでも何でもない。しかし、経済界が強く「勝ってこい」を言わない結果として、政府としては「通商交渉前に正式に意見を聴取する公聴会すらやりたくない」というマインドになるということに気付いてほしい。

国会に残る負けグセの深刻さ

国会にもこういう負けグセがかなり残っているといつも思う。TPP交渉に際しては、自由民主党と公明党の連立政権になった後、平成25年、国会両院の農林水産委員会で決議をしている。「農林水産物の重要品目については除外又は再協議の対象とすること」といった内容のものであった。これ自体はとても良いことだと思う。TPP交渉妥結後、甘利大臣が「あの決議を胸に交渉に臨んだ。日本は国会との関係でこれ以上は譲れないという主張は何度もした。」といった話をしていた。国会への若干のリップサービスはあると思うが、こういうアプローチはもっとあるべきだと思う。

ただし、あの国会決議は世界のスタンダードからすると奇妙なものだった。農林水産分野で「負けるな」とだけしか国会は決議しなかった。本当は「勝ってこい」と言って交渉団を送り出すのが筋であり、そのためには鉱工業分野での市場アクセス、サービス貿易、ルール分野での攻め所で頑張って来ることを含めて、交渉全体で決議をすべきだったように思う。国会では農林水産分野で負けないことへの関心は高いが、それ以外の分野で勝ってくることには熱心でないということになる。それでいいはずがない。当時、落選中であった私は、日本の国会議員の意識の底層にある「(対アメリカでの) 負けグセ (の意識)」は深刻だと慨嘆した。

TPPと日米二国間交渉の違い

「合従連衡」の可能な複数国間交渉

TPPのような複数国間での交渉ではアメリカの不当な要求をゾーンディフェンスで撥ね返すことが出来るという意味において、一対一で向き合わなくてはならないアメリカとの二国間FTA/EPAよりも良い。実際、TPP12交渉においては、医薬品の知的財産権分野等ではアメリカの無理難題をかなり日豪あたりで押し返していたと記憶している。農業では日本はオーストラリアと厳しいやり取りをするが、知的財産権分野では、そのオーストラリアと協力してアメリカに対峙する、これが正に「合従連衡」である。二国間交渉ではこれが出来ないのである。

しかし、実際の通商協定の効果という点からもTPPのような複数国間協定のメリットは大きい。よくある議論の中に「別にTPPに加わらなくても、すべての国と二国間でFTA

／ＥＰＡを結べばいいではないか。」というものがある。一見正しそうに見えるが、これは全く違う。

面で行う自由貿易のメリット

典型的なのが「サプライ・チェーン」の問題である。専門用語では「原産地規則」と言われる。例えば、日本、アメリカ、シンガポールで便宜的に考えてみたい。日本とシンガポール、シンガポールとアメリカとの間には既にＦＴＡ／ＥＰＡがある。仮に日本で部品を作ってシンガポールに輸出し、シンガポールで完成品にして、アメリカに輸出するという製品があるとしよう。この場合、日本からシンガポールへの部品輸出の関税はゼロである。しかし、シンガポールからアメリカに輸出するものに両国間のＦＴＡ／ＥＰＡにおける関税撤廃が適用されるかというと、必ずしもそれは確約されない。シンガポール・アメリカのＦＴＡ／ＥＰＡの関税撤廃が適用されるためには、その完成品がシンガポール産であることが要求される。その時、日本からの部品の比率が高過ぎたりすると、シンガポール産だとアメリカが認めないことがある。

これは迂回輸出を防止するためのものである。つまり、自分の国からアメリカに輸出すると関税が掛かるから、ＦＴＡ／ＥＰＡを結んでいるシンガポールに一旦迂回輸出して、そこから輸出すれば関税がゼロになるということを認めると抜け穴だらけになるので、FTA/EPAの関税撤廃を適用してほしければ、完成品の内、ある程度はシンガポールで作ったものであることを証明するよう要求するのである。

したがって、例えば、TPPのすべての加盟国が二国間でFTA/EPAを結んでも、それはTPPと同じ効果にはならない。それぞれのFTA/EPAの中にある原産地規則がぶつ切りに適用されていくので、関税撤廃されないケースがかなり出てくる。TPPのように面でFTA/EPAを結ぶということの大きなメリットはここにある。TPP加盟国で作っているのであれば、TPP共通の原産地規則が適用されるようになり、前記の日本、アメリカ、シンガポールの例のような不都合は無くなる。日本で部品を作り、シンガポールで完成品にして、アメリカに輸出すれば、(アメリカがTPP加盟国であると仮定するならば)その製品は当然、アメリカには無税で入っていくことになる。

このサプライ・チェーンを支えるという視点はなかなか日本では共有されないが、実は「面」で自由貿易をやる際のとても重要なポイントなのである。そして、日米貿易協定が発効しようとも、TPP11と日米貿易協定の原産地規則は別物であり、その適用はぶつ切りにしかならないので、もはや、この「面」としてのサプライ・チェーンの恩恵には一切与れない。非常に残念でならない。また、後述するが、ＴＰＰからアメリカが抜けたことによって、既にカナダやメキシコの自動車産業はこの「面」のサプライ・チェーンが享受出来ず、不利な条件に置かれるという苦境に直面している。

アメリカの脛にある傷

ライト・トラックの低い競争力

アメリカは非常に他国の関税を攻撃してくるが、実は自動車分野、特に国内市場で主力となっているピックアップトラックやＳＵＶについては価格競争力が高くなく、思い切った自由化が出来ない。この分野ではアメリカは日本を非常に恐れており、その恐れ方は我々の想像を超える。

この分野をアメリカでは「ライト・トラック」と総称しているが、この分野で何故アメリカが弱いかというのはとても興味深い話が背景にある。簡単に言えば、「国際競争に晒されなかったので競争力が強まらなかった」のである。その根源を辿ると、１９６０年代の「チキン戦争」に遡る。時計を少し過去に戻す話になるが、少しお付き合い願いたい。

チキン戦争とチキン・タックス

これは何かというと、1950年代後半から欧州の市場にアメリカの安いチキンがどんどん入ってきていて、欧州市場が席巻されようとしていたことに対抗して、フランスや西ドイツが主導するかたちでEEC（欧州経済共同体　今のEUの前身）が共通農業政策の中でチキンに可変課徴金を課し、それが米・欧州間の大貿易戦争に繋がっていったという話である。可変課徴金というのは、どんなに輸入価格が変化しようとも一定の基準価格との間の金額をすべて課徴金（関税のようなもの）として取る仕組みである。一律の比率の関税と比べて、この可変課徴金というものはすべての価格努力を否定する効果を持つため極めて性質が悪く、現在はWTO協定で禁じられている。フランスは欧州のチキン市場からアメリカ産を追い出し、自国が勝ち取りたいという思いがあったとされている。当時の大統領は、フランスの栄光を重んじるシャルル・ド・ゴールである。「さもありなん」としか言い様がない。

これが1960年代前半のアメリカと欧州の最大の貿易紛争と言うべきもので、冷戦になぞらえて、「チキン戦争」と呼ばれた。可変課徴金の結果として、アメリカのチキン産業は欧州市場を失ったため必死になった。当時、アメリカのケネディ大統領、西ドイツのアデナウアー首相といった首脳レベルでかなり激しくこの件について議論がなされている。しかし、結局この交渉はまとまらず、アメリカは対抗措置としてジャガイモのでんぷん、デキストリン、ブランデー、ライト・トラックに25％の関税をかける決定をした。

効果は覿面で、今度は西ドイツ産のフォルクスワーゲンのバンのアメリカ市場でのシェアが見る見るうちに下がっていくことになる。その後、ライト・トラック以外の3品目については撤廃されたが、ライト・トラックだけは現在まで残っている。ここで重要なのは、EECの可変課徴金はアメリカのチキンだけを狙い撃ちにしたものではなく、アメリカのチキン・タックス（チキン戦争のせいで上がった関税）もEEC製品のみを狙い撃ちにしたものではないということである。すべての国からの輸入に適用されたのであり、勿論、日本からの輸出にも課せられていた。

因果関係としては、60年前に欧州が米国産チキンを排除した結果、今、日本の自動車産業がアメリカにライト・トラックを輸出することが出来ないのである。TPPでアメリカからの成果として日本が得たかった最大のものの一つは、このライト・トラック25％の関税撤廃であった。アメリカの自動車産業はこのライト・トラックに対するチキン・タックスを利権化してきた。棚からぼた餅のような形で25％の関税で守られるようになり、この保護された状態にアメリカの自動車産業は安住してしまったため競争力が低い。したがって、今更このチキン・タックスを関税撤廃することなど出来ないのである。業界は政府に「撤廃反対」で強い圧力をかけている。ましてや、アメリカの自動車産業は中西部に集中しているが、大統領選挙、連邦議会選挙での激戦州が多い。軽々に譲っていたら、選挙でボロ負けするのである。恐らく大統領府や連邦議会から、通商代表部への圧力は相当なものがあると推察される。

徹底したアメリカの警戒感

こういう事情もあるから、平成25年2月の日米首脳会議において日本の農産品とアメリカの工業品（自動車）は対等な位置づけで「センシティビティ」が強調されたのである。そして、アメリカは早急にこのセンシティビティを除去しようとした。TPP交渉入り前の「前払い」の段階で、日本からの自動車輸入について徹底的にタガを嵌めるのがアメリカの課題だったということである。つまり、「日本の交渉入り」と「日本からの自動車輸入に対する早期関税撤廃（の回避）」をバーターにさせられていた。最終的には、「前払い」として、アメリカの日本製自動車輸入については、韓国とアメリカのEPA／FTAよりも有利な条件にはしないということを約束させられた。米韓では、乗用車の関税（2・5％）は5年、ライト・トラックの関税（25％）は10年で撤廃すると合意されたため、これより有利な条件にならないことは確定した。

それに加えて、日本の「非関税障壁」についての協議の場も作らされている。「規制の透明性」、「基準」、「ＰＨＰ（輸入自動車特別取扱制度）」、「財政上のインセンティブ」、「流通」と、幅広く日本の諸制度に疑いを向けているのが分かる。当初、政府は「結果を予断するものではない」と言っていたが、そんなに甘くないのは第1章で取り上げた１９８０年代の半導体協議を見れば明らかである。土俵を作れば成果は求められるのである。

私はこの部分については今でも「譲り過ぎ」だったと思っている。交渉参加を目の前にぶら下げられつつ、早期交渉参加を実現しなくてはならない苦しさが分からないわけではない。しかし、この「前払い」の譲歩は交渉結果を相当に予断するものであり明らかに過剰である。この時点で早期の自動車関税撤廃については諦めざるを得なくなった。代案として、ＮＡＦＴＡを利用した在メキシコ日本企業の工場からの対米輸出や、アメリカへの部品輸出での関税撤廃を勝ち取ることを念頭に置いたと思われる。

ただ皮肉なことだが、日米貿易協定が自動車分野での成果なしという散々たる結果で終わったのを見てしまった今となっては、この程度の「前払い」からスタートして、かなりの自動車部品の即時関税撤廃と長期ではあるものの自動車についてもすべて関税撤廃を確保してきたＴＰＰ交渉がとてもマシだと見えてしまう。

ＴＰＰ交渉における秘密主義

情報管理のプラス・マイナス

ＴＰＰ交渉と言えば徹底した情報管理が特徴的であった。「国民と共に歩む外交」の観点からも私はそれをすべてよしとするわけではない。この点は最初に強調しておく。

ただ、徹底した情報管理でもやらないと、国益の観点からマイナスになりかねないという恐れは常にある。日本の政治文化の中で「最初のガチガチのポジション」を守って来るのを徹頭徹尾求めるということがある。そこから少しでも後ろに下がっていることが交渉途中に露呈すると国会に呼ばれて怒鳴り付けられる。そういう状態では、仮に少し後ろに下がった方がより良いものが取れると分かっている時でもそれをやらないのは、官僚の自己保身としては最も合理的であろう。この点についてはコメの章で詳述する。

これでは国益が損なわれるので、一つ一つの利益の出し入れについては分からないようにしておきたいという気持ちは分かる。ＴＰＰくらい大きな交渉になると、交渉分野すべてをテーブルに並べた上での分野間での取引がどうしても出てくる。交渉が大詰めになって来ると、知的財産権で譲る代わりに農業で取る、みたいな話は出て来るのだが、これを大臣判断でスムーズにやるためにはある程度の情報管理が必要だという気持ちは分かるのである。全部表に出てしまうと、絶対に「経産省の陰謀で、農林水産品が犠牲になった。」といった陰謀論を出してくる人が居て収拾が付かなくなる。

ところで、今回、こういう徹底した情報管理がすべての加盟国で合意されたのは、多かれ少なかれ似たような現象が諸外国にもあるということである。なお、アメリカにおいては、ある時点から、連邦議会議員には秘密保持を条件とした上で交渉テキストの閲覧が認められていた。これについては日本でも検討する価値は十分にあると思うのだが、日本の国会議員の「口の堅さ」に対する信頼性は極めて低く、特にこういう政策に関する話ではほぼゼロに近い。私自身、色々と考えを巡らせてみるが、なかなか妙案はない。

私は出来るだけ情報公開と外交交渉のバランスが図られるべきだと思う。徹底した情報管理は多くの利点があるが、国民の目に見えない所でのおかしなやり取りに繋がりかねないので軽々に賛成するつもりはない。それが権力のチェックというものであり、外交通商交渉に携わる人はその厳しい目を常に意識してほしい。ただし、交渉の情報公開については、それを受ける側の嗜みや心持ちも問われるのだということである。それが無ければ、情報公開した結果として単に交渉本体が荒れて、交渉官の気持ちが荒んで終わりということになりかねない。

交渉記録無し、という問題

ＴＰＰについては、公式的には「記録が残っていない」という点も特徴的である。国会審議に向けた準備の中で、重要な局面での「交渉記録」が残っていないことが明らかになった。交渉において情報管理を非常に厳格に行ったことを前提としても、記録が残っていないというのは別の問題である。

福田政権で作った公文書管理法においては、きちんとこういった交渉経緯については公文書に残すことが求められている。公文書が歴史を作るということをよく認識した格調高い法律だと思う。公文書管理法に基づく関係省庁の文書管理規則においても、きちんと文書作成義務が書かれている。しかも、条約の基本となるウィーン条約法条約では、条約解釈の補足的手段として交渉経緯に当たるものが使えることが定められている。そして、普通、外交官は交渉経緯をとても大事にする。

複数国間、多数国間の通商協定のような条約になって来ると、何らかの解釈の相違が出てきた時には、関係者が多岐に亘ることから交渉経緯に立ち戻りながら争うことがよくある。特にルールの分野では、交渉経緯がとても重要な役割を果たすことが多い。つまり、「この規定はどの国がどういう思惑で提案して来たのか。」、「ある国の提案に対して、別の国が対案をぶつけてきた結果、最後はこの表現に落ち着いた。」といった交渉上の文脈が重要になって来るのである。そして、通商協定の基本であるGATTについては「アナリティカル・インデックス」というものが公刊されている。この本では過去の様々な経緯が詳述されており、実務者、研究者双方にとって解釈時のバイブルになっている。

安倍総理の支離滅裂

TPPの交渉記録に関する公式な説明は「結果がすべてだ。出来上がった協定文を見てほしい。」ということであった。安倍総理はその理屈を何度も国会で述べた。しかし、その説明が決定的に間違っていることはここまでの話で分かってもらえると思うし、後述する通り、日米貿易交渉の結果については全く逆のことを安倍総理は言っている（自動車への高関税回避に関する言い訳をする時は、トランプ大統領との交渉経緯を執拗に持ち出している。）。また、「大臣同士の交渉は一対一でやっているものも多く、記録に留めるようなものでもない。」ということであったが、甘利大臣は交渉に通訳を入れている。その通訳を務めていたのは極めて優秀な外務官僚である。大体の交渉経緯くらいは記録に留められるはずである。

このような観点から、記録を公開するかどうかを脇に置いたとしても、記録が無いというのは異常なことである。本当に真実なのであれば、歴史に対する背徳と言っていいだろう。実際には詳細に作成しているのだが、それを言うと各方面から「出せ、出せ」とうるさく突かれるので嘘をついて隠しているのだと信じたい。「記録を作らない」ことを通商交渉のスタンダードにしては絶対にならない。

もう少し突き詰めると、安倍総理は小泉総理訪朝時（平成14年）の準備段階において、当時の交渉担当であった外務省アジア大洋州局長が幾つかの交渉記録を残していないことを公の場で何度も痛罵している。何故、日朝交渉で記録を残さなければ痛罵され、TPP交渉では「記録は不要。結果がすべて。」と強弁し、日米貿易交渉では協定文に無いトランプ大統領発言を記録として殊更に披露するのであろうか。TPPや日米貿易協定の記録に関する政府の姿勢は、公文書管理法、条約解釈のあり方、安倍総理の過去の発言すべてに背馳《はいち》する。

第4章

ゲームオーバー回避

TPPの結果

ここでＴＰＰの成果について、断片的ではあるが重要な部分を書き連ねていきたい。アメリカは最終的にＴＰＰに加わらなかったので、本章から第６章までの記述にある交渉結果は一部の例外を除いてアメリカには発効していない。しかし、ＴＰＰの交渉結果は最終的には日米貿易協定を考える時のベースとなっているものである。また、ＴＰＰでどのようなやり取りをしたのかを通じて、それぞれの品目が抱える問題点も明らかになる。したがって、その前提で読んでいただければ幸甚《こうじん》である。ただし、あくまでも断片的な記述なので、包括的な結果と分析を望まれる方は他の書に当たっていただきたい。

ＴＰＰ協定の全体的評価

「厄介者関税」への一定の終止符

日米貿易協定が発効した今、改めて見直してみると、ＴＰＰ協定の出来の良さが際立って見える。当時、色々と批判をされた内容ではあったが、甘利大臣を中心とする交渉チームはよく頑張ったと思う。政府が出してきた影響試算は、交渉開始時は損失額を過剰に大きく見積もり、交渉妥結時は過剰に小さく見積もり、経済成長率への寄与を高く算定するなど非常に嘘が多く、誰からも信用されない代物だったのは残念だったが、交渉結果自体をこの程度で収めたことについては高く評価していいのではないかと思う。

関税撤廃率は金額ベースでも、品目ベースでも95％。ＴＰＰの議論が始まった時、私が「95％まで頑張れれば、そこからが勝負だ。」と言った通りになった。繰り返しになるが、この相場観を持てるかどうかが、政権を担えるか否かにも繋がっていると思う。

この過程で多くの努力があったと思うが、実はＴＰＰでは、関税率があまり高くないままずっと残し続けていたものを撤廃することで撤廃率をかなり稼いでいる。保護されていた業界の方々からは嫌われるかもしれないが、正直な所、５％以下の関税を残し続けることはあまり保護効果の観点から見て意味があることのようには思えない。通商の世界では、これを「厄介者関税（ニューサンス・タリフ）」と呼んでいる。保護効果が大して見込めないのに残っている「厄介者」扱いなのである。昔からここは永遠の議論があって、「５％以下は保護効果が低い」という議論と、「これまで自由化を求められてきて５％以下になってしまった。これを奪われてしまうと丸裸だ。」という議論のせめぎ合いが続いてきた。

私が今回のＴＰＰ交渉の結果を見て思ったのが、このせめぎ合いに一定の終止符が打たれたということであった。保護効果が極めて低い水準の関税に依って立つのではない、新たな国内農林水産業の守り方、発展の仕方を考えるきっかけになればと思う。

農産品主要五品目

主要五品目とは、コメ、小麦・大麦、乳製品、砂糖、肉類（豚肉、牛肉）を指す。歴史的に保護水準が高く、国内生産の保護の必要性が高いとされてきたものである。GATTウルグアイ・ラウンドまではそれぞれ特殊な形で保護されていたが、同交渉の結果、関税化された品目が大半である。そして、過去のすべてのFTA／EPA交渉で殆ど譲歩をしてこなかったものばかりである。

まず、砂糖については北海道のてんさい、沖縄のさとうきびを守る観点から、国内制度と関税等でガッチリと守られており、今回もそこまで大きな譲歩は無かった。また、コメと豚肉についてては、その特異さから改めて章を改めて詳述するので、ここではそれ以外のものについて述べていく。

小麦・大麦

輸入後に徴収するマークアップ（内外価格差）が、現行水準からそれぞれ45％削減されること、新規枠の創設、飼料用小麦・大麦の輸入自由化が主であった。小麦の新設枠（最終的には

25万トン強）はＷＴＯ輸入枠全体（５７４万トン）に比べればそれ程大きくは無いが、元々が消費の８割強が輸入、２割弱が国産なので、輸入量増ははっきりと国産小麦を市場から押し出す効果がある。また、大麦はＷＴＯ輸入枠（１３６・９万トン）の７割強（１００万トン前後）が飼料用であるため、食料用大麦の新規枠（最終的には６・５万トン）は現行食料用大麦の輸入枠と比べてかなり大きいものとなる。

ただ、元々国内消費の大半が輸入であり、他の品目に比べれば影響は限定的だと見ることが出来るだろう。その中で懸念事項として、マークアップは国内産麦への補助財源として使われていたのだが、今後、マークアップが削減される時の国内産麦への補助財源はどうするのかという点がある。可能性としては、一般会計から繰り入れるのか、それとも補助を削減していくのかどちらかしかないだろう。この点は後に述べる牛肉と状況が非常に似通っている。

なお、小麦は用途によって種類が異なるため、アメリカ産、カナダ産、オーストラリア産との間でそうそう簡単に代替が効くわけではない。基本的にはたんぱく質含有量の違いが、品質・用途の違いとなっている。例えば、オーストラリア産小麦はうどん、即席麺等に使われる中力粉向けが主であり、パン用の強力粉、菓子用の薄力粉としては使われていない。これらにはアメリカ産、カナダ産小麦が使われている。

牛肉

これは元来、オーストラリアとのＥＰＡ（平成27年発効）で23・5％（チルド）まで下げた際、政府は「これがレッドライン（これ以上下がれない線）だ。」と言っていたのだが、ＴＰＰでは簡単にレッドラインを割り込み、最終的に発効後16年で９％まで下げることになった。「レッドライン」などという言葉を軽々に使うべきではないという良い教訓である。

この関税削減は国産牛肉に一定の影響が出るはずである。また、小麦のマークアップと同じで牛肉については関税が目的税化しており、畜産への補助財源として使われている。関税が９％まで下がる時、これが大幅に減ることになる。この関税削減に伴う補助財源の減少については、私が国会で何度か質疑に立ったが、農林水産省からは明確な答えは無かった。恐らく答えられないのだと思う。

なお、ＴＰＰ妥結時に「セーフガードを確保した」ということをかなり強く打ち出していた。セーフガードとは、輸入量が増えた時等に緊急的に関税を上げて国内産業の保護を図る仕組みである。ＴＰＰの牛肉セーフガードは、協定発効時の発動水準が直近の輸入量と比べてもかなり高く、かつ、その水準がどんどん上がっていく仕組みになっている。今後、日本は高齢化と人口減少になっていく中、牛肉の輸入量がセーフガード発動水準を越えることは殆ど想定されない（最終的にアメリカがＴＰＰから外れたため、現状のままでは絶対に発動されないだろう。）。発動される時というのは、日本の肉牛生産が壊滅的な打撃を受けて生産量が激減して輸入牛肉に頼らざるを得ない時か、日本の牛肉消費が飛躍的に伸びる時くらいしか考えられない。壊滅的打撃を受けて国内生産が激減している時に関税を上げる仕組みがいいのかという問題は残るし、逆に消費が飛躍的に伸びているのであれば輸入の邪魔はしない方が良いだろう。いずれにせよ、ＴＰＰセーフガードが発動されることで国内の肉牛生産の保護という効果が出るとは到底思えなかった。

乳製品

脱脂粉乳とバターは、ＴＰＰ新規枠を設けることで合意した。生乳換算で交渉発効時６万トン↓６年目７万トンというのが全体像で、これを脱脂粉乳とバターで計算すると、それぞれ発効時３１８８トン↓６年目３７１９トンの輸入に相当する。チーズについては、細かく分けた上で対応しているが、総じてソフト系のチーズを守り、ハード系のチーズを譲っている（なお、その後の日ＥＵ・ＥＰＡでは更に撤廃部分が増えている。）。

平成25年頃からバターの不足が顕著になっており、スーパー等で品薄、価格上昇を経験された方は多いだろう。しかし、飲用牛乳が不足しているという話は聞かない。同じ生乳から生産されるにもかかわらず、この差は非常に奇異である。

国産の乳製品は非常に厳格な形で計画生産されてきた。また、国産においては利益率が高く日持ちがしない飲用の牛乳が優先される。大まかに言って、地産地消の観点からも、都府県産の生乳は飲用牛乳に回る部分が多い。一方、チーズ、クリーム、バターは基本的には大生産地たる北海道の生乳が使われる。酪農は全国で行われているが、需給の問題が凝縮しやすいのが北海道なのである。

そのような中、バターは余った生乳をどう使うかという時の調整弁的な役割を果たす。飲用牛乳は季節によって、生産量も消費量も大きく上下する上に、商品としての保存が利かない。その調整を保存可能なバター等で行っている。つまり、バターは「後回し」になり易いのである。なので、国内で何らかの特殊事情が出るとすぐにバターに影響が出る仕組みになっている。国産の生乳が1～2パーセント減るだけで、国内でのバター不足が深刻になる。そして、近年、猛暑による生産量の減少、酪農家の減少、乳牛の減少といった事情があり、バターの供給が不安定になりやすい環境が整っていたと言えるかもしれない。

これを批判するのは簡単だが、かといって平成18年には過剰生産により酪農家の廃業を招いている。そういう事態を起こしてはいけないという配慮を無視してはならない。むしろ、私はここに機動的に対応するのが輸入だと思う。しかし、過去5年くらいの農林水産省の差配は常に後手後手であった。非常に大まかに言って、乳製品の輸入は完全に管理貿易であり、殆ど自由度が無い。重要な所は農畜産業振興機構という独立行政法人により国家貿易が行われている。WTO農業協定においては、生乳換算で13・7万トンの脱脂粉乳、バター、ホエイ等を輸入することとなっているが、平成25年以降この規模の輸入では国内の需要を満たせないことは明らかになっていた。これを踏まえ、平成26年度からは「追加輸入」という形でかなり輸入している。当初、追加輸入は緊急性が高かったが、今ではかなり恒常化している。そして、毎年生乳換算で25万トンを超えるバターの輸入が必要になってきている。

しかも、バターの輸入に際しては、農畜産業振興機構がマークアップ（輸入差益）を徴収することになっている。例えばバター不足が深刻になっていた平成26年度のマークアップの水準は648円／kgだった。バター不足と価格高騰が深刻化している中、国際価格が400円／kgのバターをわざわざ1000円／kg以上にまで高騰させるセンスが私にはどうしても理解できなかった。国産バターを保護するという名目は理解するが、安い輸入バターを2・5倍以上に高騰させて消費者負担を増加させることを農林水産省は何とも思わないのだろうか。

これらを踏まえれば、ここ数年のバター不足や価格高騰は、ガチガチに守られた乳製品生産・輸入の中で農林水産省が見通しを誤ったこと、そして、機動的に動けなかったことが理由だと思う。どう考えても、政策上の瑕疵があったことは否めない。ガチガチに守る以上は、非常に細心に注意をしながら国内需要に機動的な対応が求められるのである。

TPP交渉では、酪農大国ニュージーランドから非常に大きめの輸入枠の要求があったようである。ニュージーランドには世界的な酪農の大企業フォンテラがあり、非常に競争力が高い。私はそのニュージーランドの要求をすべて受けるべし、とまでは全く思わないが、交渉結果を見ていると、国内の恒常的な不足分を補うとか、安いバターを国内に提供するといった視点に立って交渉したようには見えなかった。

当時、TPP交渉と同時並行で生乳流通の改革が進んでいたため慎重になったのだろうとは思う。これまで行われてきた指定団体による管理を外すことが進んでいた。具体的には、「調整弁」であるバターや脱脂粉乳を生産する時に国が出す補給金（生産コストを下回る分を補う）は、指定団体経由でしか受給出来なかったのを、指定団体を経由しなくても受給できるように改革しようとしていた。この改革もバター不足の原因がガチガチの仕組みにあるせいではないかという視点からだった。そういう国内改革が進んでいる中、恒常的な不足分の見極めが難しかったのかもしれない。しかし、それをあえて前提にしたとしても、もはや日本の生乳生産が爆発的に伸びることは想定し難いのは事実であり、国内改革により国産バター、脱脂粉乳の供給が大きく増えるとは思えない。この点からも、国内のバター不足の事情と国際通商交渉によるアクセスの提供があまり連動していないのではないかとの印象を強く受けた。

自動車

これは既に述べた通り、交渉入りの際に「米韓FTAより有利な条件としない。」という前払いでお尻を切られてしまっていたので、自動車本体での成果は非常に長期でしか確保できないものとなっていた。アメリカの自動車の関税は2・5％で、完全に厄介者関税の部類に入るのだが、この関税撤廃については15年目から削減し始め25年で撤廃と非常に長い期間を設定することになった。アメリカにも厄介者関税を巡るせめぎ合いは強く根差しているということであろう。また、主力のライト・トラックについては、チキン・タックス（25％）を30年後に一気に撤廃ということで更に厳しいことになった。ただし、今から思い直すと、「それでもＴＰＰではすべての自動車の関税撤廃が取れていた。」ということではある。

日本にとってセンシティビティがあると言っていた農業分野で前記のように一定の品目を守った以上、日本が最も狙う自動車での成果が満額回答にならないのはある意味仕方ないと言える。お互いのセンシティビティを尊重したと言える。その代わり日本としては、アメリカへの部品輸出、メキシコで自動車生産した上でのアメリカへの輸出に主眼を置いた。前者について関税撤廃を取り付けたのは次善の策としては満点だろう。そして、北米への輸出については重要だったのは原産地規則である。むしろ、アメリカの関税撤廃よりもこちらの方が重要だと言ってもいいくらいである。TPP内の原産地規則が厳格になり過ぎると、非TPP加盟国(例・タイ)からの調達を組み込んだサプライ・チェーンを持つ日本の自動車産業にとっては制約要因となる。逆にメキシコにとってはNAFTAでの原産地規則よりもTPPの原産地規則が緩くなる時、米国輸出において自国の自動車産業が不利になるおそれがあり、厳し目の主張をしていた。ここは交渉団がよく頑張って、我が国の完成車及び部品メーカーが現在のサプライ・チェーンの下で十分に対応できる内容を確保していた。ただし、この成果は後述するアメリカのTPP脱退、NAFTA見直し(USMCA)によってかなり無効化された。

著作権　意外な大玉

世間的にはあまり注目されなかったが、私の目には、TPP交渉においてかなりの大玉は著作権だと映っていた。ここまで殆ど言及して来なかったので、ここで少し丁寧に書いておきたい。日本の既存の制度との関係で問題が生じ得ると思ったのは、①著作権保護期間の延長、②著作権侵害の非親告罪化、③法定損害賠償制度の導入の3点だったが、ここでは紙幅の関係上①のみ触れておきたい。

著作権保護期間の延長

「日米交渉の際に著作権の話がありました。ああ、ミッキーマウス法かと言いましたら、ハローキティ法というのもあるんじゃないかとか言われましたけれども。」

これはTPPの著作権保護期間のあり方について、私が質問した際の甘利大臣の答弁である。アメリカの著作権法を評して「ミッキーマウス（保護）法」という言い方は物事の本質を言い当てているのみならず、アメリカ政府の苦しさを物語ってもいる。

従前、著作権については、著作者の死後50年まで権利が保護されていることになっていたが、TPPと日EU・EPAを契機として、平成30年12月30日の改正著作権法施行によって70年に延長されることになった。なお、後述するTPP11では70年への延長の規定は凍結されたが、日本は日EU・EPAで70年を約束したこと、戦時加算廃止のためには70年延長が必要であったこと等から、（ＴＰＰ11における凍結にもかかわらず）そのまま延長している。

この意味合いを考えてみたい。

例えば、何故ドラゴン・ボールと西遊記の間に著作権の問題が一切生じないかと言えば、どう考えても明の時代の西遊記の著者の子孫が現代においては著作権を主張できないという共通認識があるからだろう。一方で、ルパン三世については、「アルセーヌ・ルパン」シリーズの著者であるモーリス・ルブラン氏が昭和16年に亡くなっていたものの、モンキー・パンチ氏が昭和42年に最初にルパン三世を書いた時には、（当時有効であった旧著作権法による）死後38年ルール＋戦時加算が適用されるので、ルブラン氏の著作権は日本で残っていた（なお、日本特有の戦時加算については後述）。ルブラン氏の子孫から、ルパンの名称使用について裁判を起こされたが、日本国内では使用が禁じられることは無かった（詳細は不明だがルパンの名前が一般名詞化しているとの判断があったと言われている）。一方、海外では「ルパン三世」の使用が禁じられたことから、フランスでは「泥棒探偵エドガー」、英語圏では「ウルフ」という名前が使用され、70年ルールでルブラン氏の著作権が切れた平成24年から「ルパン三世」の名称が使われるようになっている。

日本国内では、著作権の切れた著作物は「青空文庫」に入り、ダウンロードして読めるようになっている。一方、TPP交渉等を踏まえた平成30年12月30日施行の著作権法改正によって、それ以降に著作権が切れることになっていた著作物は70年ルールとなり、著作権が切れるのが20年延びた。例えば、昭和40年没の江戸川乱歩氏や谷崎潤一郎氏の作品については、50年ルールで著作権が切れている。区切りとなるのは昭和42年〜43年であり、昭和42年に亡くなった山本周五郎氏の作品の著作権は切れているが、昭和43年以降に亡くなった方の著作については、保護期間が20年延長されて70年ルールとなっている。したがって、昭和45年没の三島由紀夫氏、昭和46年没の志賀直哉氏、昭和47年没の川端康成氏の作品を青空文庫で読むにはあと20年以上待つ必要がある。

著作物の保護期間が長くなれば権利者の子孫の権利が長く守られるため、勿論メリットを受ける人が居ることは事実であるが、その一方で「孤児著作物」の問題が生じる。これは何かと言うと、「誰が何時創作したのか」が分からない著作物である。考えてみれば、50年以上前に書かれた書物、音楽、メロディー等で、その著作者が判明するものなどむしろごく僅かである。ましてやその著作物がいつ創作されたのかすら分からないものがある。その中にとても良い著作物があって、現代に生きる我々が是非それを活用したいと思っても、著作権者が分からない、権利が切れているのかどうかすら分からないので、将来権利を有する人が出て来るリスクを考えると使えないという問題は、50年ルールの中でも常に生じてきた。身近な所では、既にファミコンのソフトでも著作権者が見つからないものがかなり出てきている。また、平成27年、映像コンテンツ権利処理機構が放送番組の2次使用のために連絡を取りたくても取れない「不明権利者一覧」を発表した際、その中に平成22年に引退された著名な女優が掲載されたのが話題となった。これも著作隣接権に関わる孤児著作物の問題である。引退して数年でも、こういうことが起こり得るのである。(なお、本件についてはその後、御本人と連絡が付いたと報じられた。)。

それが70年に延長される時、更に本件に伴う困難は増えていく。今から少なくとも70年前、戦後の混乱期に創作された様々な著作物の権利者をどう把握していくかと考えていただければ、その困難が分かるだろう。文化庁が孤児著作物の問題に一生懸命取り組んでいて、簡便な手続きで活用しやすいように努力していることは知っているのだが、問題の本質は、著作権保護期間の拡大による「孤児著作物」の増加であり、それは手付かずのままである。

ミッキーマウス保護法の余波

ちなみに、アメリカでは著作権の保護期間の延長は「ミッキーマウス保護法」と呼ばれる。著作権保護期間の拡大については、アメリカ国内でも相当な議論がある。しかし、平成10年に古い法人著作権の保護期間を公開後75年から95年に拡大している。この時点でミッキーマウスが登場する最初のトーキー映画「蒸気船ウィリー」が発表されてから70年であり、遠からずこの著作権が切れることに焦燥感を持ったウォルト・ディズニー・カンパニーが強烈な連邦議会工作をやったためとされている。アメリカの通商代表部が、諸外国に著作権保護期間の延長を求めているのも間違いなく背景には同社のロビイングがあるだろう。日本におけるミッキーマウスの著作権については旧著作権法と現著作権法の違い（昭和45年に全面改正）、映画と絵の保護期間の違い、戦時加算、著作権者の逝去年等、様々な要素が絡み合うため、外部からは正確な把握は難しい。

いずれにせよ、ウォルト・ディズニー・カンパニーはかなり綿密な著作権保護戦略を持っているはずであり、日本においても、昭和45年改正までの旧著作権法から現在に至るまでの累次改正の中で、最も長い保護期間を取れるようにしているであろう。ただし、私の計算では、日本における「蒸気船ウィリー」の著作権はそろそろ切れるはずである。オリジナルのミッキーマウスの絵については、あと20年くらいは著作権の保護が行われると見ている。

戦時加算——のどに刺さったトゲ

さて、既に何度か「戦時加算」という言葉を書いた。これもあまり知られていないが、日本は先の大戦後のサンフランシスコ平和条約によって、太平洋戦争開始（昭和16年12月8日）から平和条約発効までの3794日（10年強）の間、諸外国の著作物の保護期間の算入を止められている。例えば、ウォルト・ディズニー氏のケースでは（国内で認められている保護期間）＋3794日の間、保護されるというのが正しい。今回のTPP交渉においては、この戦時加算の解消が実は隠された大玉であり、解消に向けた具体的な成果はTPP交渉のサイドレターで獲得出来た。日本独自の事情であり、早期の解消が求められる課題であった。50年から70年で20年プラス、戦時加算の解消で10年強のマイナスということで、総じて10年弱プラスくらいの保護期間延長で踏みとどまったとも言える。この戦時加算の解消については、先の大戦に関わる積み残された課題の解決とも言えるものであり、頑張った交渉団には心からの称賛を送りたい。

アメリカは、TPP12は脱退したがこの戦時加算の解消のレターについては引き続き効力を確認した。想像だが、日本は「アメリカが戦時加算解消のためのレターの効力を確認しないのなら、日本は保護期間延長のための改正著作権法を発効させない。」と圧力を掛けたのだろう。戦時加算維持で突っ張るよりも、条約に伴う著作権法改正発効の方が、保護期間の長さが10年弱長いわけであるから、そこを天秤に掛けさせるやり方は正しい。

ただし、このレターは戦時加算を直接解消させる効果は無い。単に権利管理団体と権利者の対話を奨励したり、政府間協議を行ったりすることしか決められていない。戦時加算による保護期間は既に与えられた権利である以上、国と国との条約で軽々に権利を取り消すことは出来ず、あくまでも最後は自発的な解消を奨励することしか決められていない。つまり、ウォルト・ディズニー・カンパニーが「我々は戦時加算を解消しない。」と言い張ることは可能である。しかし、日本は対価としての著作権保護期間の20年拡大を出しているわけであるから、アメリカ（やTPP11、EUの関係諸国）の著作物には戦時加算を放棄してもらわなくては割が合わない。日本は具体的なケースをよくチェックして、戦時加算解消に前向きでない事例については厳しく対応していく必要があるだろう。

保護期間延長によるマイナス

今、日本の著作権収入は大幅赤字である。コンピューター・ソフト関係での赤字が大きいと承知しているが、大衆文化におけるコンテンツ・ビジネスでも相当な赤字を出していると思われる。著作権保護期間の延長は、こういう構図を固定化するという意味合いも考えるべきであろう。

そして、「ミッキーマウス保護法」的な発想をベースにTPPで拡大された著作権拡大によってもいつかは保護期間が切れる。日本の著作権法では、既にミッキーマウスの保護期間は発表から100年を超えてしまうことが確実である。私はこれ以上の著作権保護期間の延長はもうすべきではないと思う。今回のTPP交渉では、戦時加算の解消を実現するためにも、保護期間延長で一定の譲歩はある程度仕方なかったのかもしれないが、もうこれを最後にしたいと思っている。

この著作権保護期間の延長は、古くて親しまれている著作物を多く持っている国の利権のような所がある。特に20世紀に世界的にヒットする著作物を出した欧米諸国が延長を強く推してくる。いずれ、「欧米 vs. 途上国」の戦いに転化していくのではないかと思う。冒頭の甘利大臣の答弁にある「ハローキティ法」とは、日本発で世界に親しまれているハローキティの著作権を出来るだけ長く保護したくは無いのか、というアメリカからの投げ掛けである。このように日本にも世界的に親しまれている著作物があることは知っているが、延長に伴う様々なプラスマイナスを考慮すると、私はこれ以上の延長には明確に反対である。

政府調達

開放が進んでいる日本

「政府調達の参入基準額を下げた結果、外資系企業が地方自治体の入札を席巻してしまったらどうするのですか。」

政府調達とは、国、地方自治体、国関係の組織がモノやサービスを調達する時のルール決めを指す。この自由化については日本が「取りに行く分野」だった。しかし、国内の議論を聞いていると守りの分野に転落しているように見えて仕方がなかった。そして、現実とあまりに乖離したこの種のコメントが国内では非常に多かった。日本国内の議論と国際的なスタンダードとのずれが激しい分野だった。

政府調達交渉では、基準額以上の調達に際しての公開入札の原則化、入札における内国民待遇及び無差別原則、調達の過程の公正性及び公平性、適用範囲のさらなる拡大（地方政府を含む）などがルール化されている。基本的に日本はかなり開放が進んでいるので、あまり心配する必要は無い。

1990年代、日本は政府調達の分野で徹底的にアメリカにやられた。WTOの政府調達協定のみならず、自主的措置という形で政府調達の分野を開放させられている。政府調達の対象となると、一定金額以上の調達は厳格なルールの下、一般競争入札をやらなくてはならない。それ自体はとても良いことなのだが、日本はかつてアメリカを始めとする諸外国に徹底的に睨まれていたため、政府機関のみならず、都道府県・政令指定都市、更には独立行政法人や国立大学法人についても開放している。平成26年まではJR東海、JR西日本、JR東日本のJR本州3社が対象になっていたし、今でもNTTは政府調達の対象である。昔から「完全民営化しており政府の権限行使もない。何が問題なんだ。」と言っているが、ともかくアメリカとEUがなかなか首を縦に振らない。JR本州3社のケースでは、EUはシーメンス社(ドイツ)とアルストム社(フランス)から信号システム等の何かを調達してほしかったようであった。暗に「政府調達の対象から外してほしければ、うちの商品を買え。」と言ってきていたということである。

「守り」ではなく「攻め」の分野

何はともあれ、日本の政府調達は世界水準で見てもかなり開放的であるので、基本的には攻めの分野である。ガンガン攻め込んで、日本企業のビジネスチャンスを拡大する契機と捉えるべきものである。今回のTPPではベトナム、マレーシア等の政府調達が相当に開放された。東南アジアの国はこの分野での統制がかなり効いており、なかなか入りにくかった。ベトナムもマレーシアも、日本と二国間でのEPAでは政府調達を開放しなかったので大きな成果と言えよう。勿論、これらの国における政府調達に伴う問題がこれですべて解決するわけではないが素直に良かったと思う。

実はアメリカはここにも弱点を抱えている。州レベルでの開放が31州に留まるのである。日本が都道府県のみならず、政令指定都市まで開放しているのとは雲泥の差である。連邦制だということもあって州法が優先しているため、連邦政府ではどうしようもないのである。アメリカが交渉中に譲歩しないことを取り繕う言い訳として「連邦議会が首を縦に振らない。」というものがあるが、もう一つ「州法で決まっている。」というのもよく出てくる。それは我々からすると与り知らない話であり、アメリカの弱点として交渉材料にできる分野である。

しかし、世間に広がる議論の中で、この政府調達についてまで「地方自治体までアメリカ企業が入って来て荒らされる。」みたいな議論がかなり行われていた際には暗澹たる気持ちになった。例えば、我が北九州市の政府調達では、今の基準額では外国企業はほぼ入って来ていない。ここで基準額を下げたら、外国企業に席巻されるとなる理屈が私には分からなかった。基準額が下がるということは、より小さくて儲けの少ないものを開放するということであり、今でさえ儲けとの見合いで入って来ない外資が、より儲けの少ないものに触手を伸ばすことなどあり得ない。

日本の通商交渉においては、本来「攻め」の分野のはずのものが国内での議論では「守り」の分野に位置づけられることが時折ある。この議論の歪みは、交渉姿勢にも影響しかねない。その典型が政府調達である。

第5章

魑魅魍魎の住む魔界1

制度疲労が目立つコメの輸入制度

本章及び次章では、日本の輸入制度の中で極めておかしな現象が生じるコメと豚肉について取り上げたい。この二つには共通点がある。それはあまりに複雑過ぎて、途中から魔界に入っているような気になること、「濡れ手に粟」がおかしな場所に出て来るということである。

経済学的には、この「濡れ手に粟」を「レント」と呼ぶ。日本語に直すと「不労所得」と訳されることが多い。何らかの規制を設ければ自由なモノの流れが止められてしまうので、制度のどこかに利益が滞留することがある。経済政策的、社会政策的にこれをどう吸収するかというのが行政官としての腕の見せ所である。

しかし、コメと豚肉については、輸入制度によって生じたレントを意図的に放置している。放置していることについては、それぞれ理由が異なる。コメについてはそれを放置しておかないと輸入制度が回らないのだと思う。そういう意味で制度設計そのものに問題がある。豚肉については、制度設計当初、どういう想定をしていたのかは分からないが、気が付いてみたらレントが海外に流出して、海外の事業者にボロ儲けさせている。

まず、本章のコメについては、日本が通商交渉をする際に「コメを守れ」という大合唱が常に起きる。日本人の主食であるコメは、我々の伝統、文化にも深く根差すところが多いため、特別な扱いをされている。この日本人のコメに対する特別な思い入れは、なかなか外国には理解されにくい。あまりに日本側の思いが強いことが察知され、逆に「コメは対日本で脅しの材料に使える」という認識を外国に与えてしまっている。ここでは通商分野に限定して、コメを巡る論点を書いていきたいと思う。ただし、全体像を書いていると非常に分量が多くなるので、かなり簡略化していることを予めお詫びしておきたい。

ウルグアイ・ラウンドと日本の選択

「例外なき関税化反対」を求めた結果

昭和61年に始まったGATTウルグアイ・ラウンドでは農業の自由化が大きな焦点になった。当初から「例外なき関税化」を打ち出していたのはアメリカであった。当時、先進国を中心に多用されていた禁輸や複雑な輸入規制の仕組みを、すべて簡易な関税で保護することに転換することを提案したのである。今から思い直しても、非常にアメリカらしいアプローチだと思うし、世界の農産品貿易自由化に大きく貢献したものであった。

そして、平成3年に当時のGATT事務局長であったアーサー・ダンケルがこの考えを叩き台とする最終合意案を提示してきた。当然、その中にも「関税化」は盛り込まれていた。ここで言う関税化とは、①それまで禁輸していたものについては最低でも消費量の3%（初年度）↓5%（6年後）は低関税で輸入アクセスを提供する（毎年0・4%ずつ増える）、②それ以上の数量の輸入については高関税でOKということである。当時の日本は「例外なき関税化反対」の旗印の下、この案に激しく抵抗し、最後までコメの例外扱いを求めていた。

激しく抵抗した結果として、日本はたしかに土壇場で例外を勝ち取った。コメに関する最終的な合意は、①消費量の4%（初年度）↓8%（6年後）は低関税で輸入アクセスを提供する（毎年0・8%ずつ増える）、②それ以上の数量の輸入については無し、ということになった。決まった数量以上は絶対に輸入しないということで、日本側から見ると「関税化ではない」という理屈になった。逆に言うと、アメリカを始めとする輸出国側からすると、通常のミニマム・アクセスよりも多い輸入枠が取れたということになっている。

さて、この日本の選択をもう少し噛み砕いて説明すると、一般的なルール（関税化）では、1年目31・95万トン↓6年目53・2万トン（毎年4・25万トンずつ増える）のアクセス機会提供で良かったのだが、日本は1年目42・6万トン↓6年目85・2万トン（毎年8・5万トンずつ増える）でアクセスを提供する道を選んだ。その対価として、それ以上の輸入は絶対にする必要が無いということを獲得した。

たしかに、決まった数量以上の輸入は絶対しなくていいので、「例外なき関税化反対」という当初の目標は達成している。しかし、この説明を聞いて「日本は誤ったカードをつかんだのではないか」と思った方が多いのではないだろうか。例外措置を選んだ結果として、提供すべきアクセス数量は、増えてしまっている。

そして、実は冷静に計算すると、関税化をしても、決められたアクセス数量以上の輸入時には税率を高く設定することが出来た。その結果、事実上、決められたアクセス数量以上の輸入が生じないようにすることが出来た。そうすると、通常の関税化と日本が獲得した例外扱いの違いは、アクセス数量以上のコメを「輸入できないくらい高い関税を課す」か「輸入しない」かの違いに過ぎない。

結局、「例外なき関税化反対」のままずっと突き進んだ結果、「関税化の例外＋追加的なアクセス」という貧乏くじを引かされた。通常のやり方と比べて、輸入量が膨らんでしまう選択を日本は積極的にしたのである。このケースでは「どうすれば日本にとってベストか」ではなく、「どうすれば日本の当初のポジションとの関係で折り合いを付けるか」の方に優先順位が置かれ、折り合いを付ける過程で損をしたということである。

交渉における玉砕文化の弊害

当時から現在に至るまで、日本の通商交渉（特に農業分野）においては緩やかな「玉砕文化」がある。ウルグアイ・ラウンドにおける「関税化」をめぐる一連の交渉が典型であった。

当時は「例外なき関税化反対」という言葉が自己目的化していた。ともかく「例外なき関税化反対」を実現することが最優先され、それがベストの選択かどうかという発想を持つことは当時の社会の空気からして許されなかった。日本全体が合理的に判断できなかったのである。コメの関税化に当初から応じていた方が、その後の日本のコメに対する負担は軽減できたはずであり、当時から、交渉関係者の中にはそれを理解していた人達は間違いなく居た。その方がより日本にとって打撃が少ないことが分かっていたし、農政改革に繋がると思っていたからである。しかし、それを口にすることは許されなかった。

交渉途中において、「ここで若干の譲歩をしておけば、取れるものは取れる。」と判断できる状況にあったとしても、それが当初のポジションよりも後退するのであれば、そんなものには手を出さないまま突き進んでいくという雰囲気は今でも残っている。かつて、その問題点を農林水産省幹部に指摘したことがある。返ってきたのは、「緒方さん、あなたの言っていることは１００パーセント正論だ。しかし、我々だって痛いのは一度で十分だよ。交渉途中で怒鳴られ、妥結時に怒鳴られと、二度も三度も我々だって怒鳴られたくない。仕方ないんだよ。」という答えだった。交渉の現状からすれば日本としての利益をより維持出来る選択肢を、交渉団の官僚達が選びたくないと思う心情を感じ取った。

ただ、この玉砕文化については交渉当事者たる官僚が悪いのではない。これだけは声を大にして言いたい。むしろ、交渉の現状をよく把握しないままに、当初のポジションを死守して来いと送り出し、そして、そこから少しでも後退する時に怒鳴り上げる国会議員の方に多くの問題があると私は思っている。かつて、自由民主党の部会で役所を怒鳴り上げる議員の姿を何度も見た。実はそれは役所に対して怒鳴っているのではなく、傍聴している業界団体向けに「自分はこんなに叱責しているのですよ。怒っているのですよ。」というアピールに過ぎなかった。なお、同様の姿勢が民主党政権時の一部与党議員にもあったことは、公平性の観点から申し添えておくべきだろう。

教訓としては、こういう玉砕文化は止めにさせるべきである。玉砕文化が蔓延ってしまうと、最適解に到達出来ないのである。勿論、交渉の現状など情報公開できない。ＴＰＰでは殆どの情報公開がなされなかったが、あれは玉砕文化の中で情報公開してしまうと、「良かれ」と思ってやった譲歩でも怒鳴り散らされてしまい、収拾が付かなくなるという考慮もあったのだろうと思う。情報公開しないことをよしとするつもりは毛頭ないが、そのためには、情報公開を受ける側の文化ももう少し落ち着いたものになる必要があるという点は改めて強調しておきたい。

日本のコメ輸入制度

国の差配による輸入と流通

獲得した例外措置はババだったが、それ以外の日本のコメ輸入の仕組みはとても精緻に出来上がっていた。GATT／WTO上は問題だらけの仕組みではあるのだが、農水官僚の知性の粋を尽くした傑作だと思う。この仕組みを非常に簡単に言うと、「決まったアクセス数量は全部国の差配で無税輸入。輸入した後は内外価格差を徴収して、同じく国の差配で国内に流通。」ということである。鍵は「国の差配（国家貿易）」である。国（農林水産省）が一元的に全量輸入して、国内流通まで差配していることがこの制度の非常に重要なポイントである。国産米への影響を遮断するためである。

ここまで「アクセス」という言葉を使ってきたが、実はこれは如何なる意味においても輸入義務ではない。日本のマーケットに輸出する「機会」を日本が提供するだけであって、機会を与えた結果、引き合いが無くて輸入数量が伸びないことだって大いにあり得ることである。日本では「ミニマム・アクセス米」と言うと「輸入義務」だと思っている方が多いが全く違う。

では、何故わざわざ農水省が全量輸入しているかと言うと、政府統一見解では「国家貿易だから」と言っている。本当は輸入機会を与えればOKなのだが、国が一元的に輸入する以上、それは全部輸入すべきだという理屈である。一見、尤もらしく聞こえるかもしれないが、国家貿易であろうがなかろうが、需要があれば輸入するし、需要が無ければ輸入しないということに尽きる。実際、国家貿易でアクセス数量を提供しているものの、全量輸入などしていない国はある。国家貿易だから全量輸入というのは、極めて独特な理屈に過ぎない。勿論、そのようなことを規律した通商法上のルールは存在しない。

何故、国家貿易で全量輸入しているかと言えば、内外価格差が大きいことが最も重要な点である。内外価格差が大きくないのであれば、マーケット・メカニズムに任せても輸入はそこまで増えず、大した問題にはならない。しかし、日本においてはアクセス機会の枠の中で自由に輸入されてしまうと、主食用が大量に入ってきて国内市場への影響が計り知れないということだった。なので、すべての輸入を農林水産省の管理下に置いているのである。

しかし、全量輸入の目的は、実は国内のマーケットを管理することだけではなく、もう一つ、隠れた目的がある。価格の安い東南アジア産が圧倒的な競争力を持つ中、アメリカに利益を配分することである。この点は後述する。

「例外措置」というババ

平成7年からWTO協定がスタートすると同時に、ミニマム・アクセス米の輸入が始まる。しかし、すぐに「この例外措置は日本にとって損だ。」ということに気付く。前記の通り、冷静に考えてみれば、関税化して二次税率（アクセス数量以上の輸入に課せられる高関税）を高く設定すれば何の問題も無いということに気付くのである。関税化していれば、6年目の平成12年には53・2万トン（消費量の5％）の輸入で済んだものが、例外措置を継続すれば85・2万トン（消費量の8％）まで行くことは割が合わないのである。毎年、関税化した時よりも加重されたアクセス数量が増えていくのを目の当たりにして「何かがおかしい。この出血を止めなくては。」という判断になったのである。

平成10年、遂に日本は例外措置を放棄し関税化に踏み切る。その時点で既にWTO協定発効後4年目に突入しており、スタート時点の4％＋0・8％×3で68・1万トン（消費量の

6・4％）まで輸入量は増えていた。そこから残りの2年の増分は、例外措置の毎年0・8％ではなく、通常の関税化の0・4％に軽減することが出来たため、WTO農業協定の改革期間が終わる平成12年における輸入量は76・7万トン（消費量の7・2％）に抑え込むことが出来た。ここで適切に判断したおかげで、最終的には日本の輸入するコメについて0・8％（8−7・2）分だけ輸入量を減らすことが出来たのである。数量としては8・5万トンに相当する。そして、この76・7万トンは現在に至るまで毎年日本が輸入するミニマム・アクセス米の量である。

そして、一定の算定基準で算出した二次関税の水準から15％削減した現在の水準は341円／kgである。これだけではピンと来ないかもしれないが、5キロのお米で1700円以上の関税が上乗せされるということである。これであれば76・7万トンを超える輸入は殆ど存在しない。あえて言えば、黒米のような極めて特殊なものが高関税でも入って来ているが、全く国産米に影響を及ぼすようなものではない。

もう一度整理すると、最初から関税化していれば現在のアクセス輸入枠は53・2万トン（消費量の5％）であった。現在は76・7万トン（消費量の7・2％）である。その差はウルグアイ・ラウンド交渉で「例外なき関税化反対」を貫徹したことの対価である。WTOドーハ・ラウンド交渉において、この2・2％分（23・5万トン）は過剰な負担であるとして、WTOの場で何度も見直しを求めたが、正直な所、耳を傾ける国は殆ど無かった。日本の選択で例外を選び、日本の選択で4年遅れて関税化をした、その結果として2・2％の負担増となっている以上、それは当然受け入れるべきであるというのが国際社会の相場である。

ミニマム・アクセス米の輸入方式

この国家貿易におけるミニマム・アクセス米の輸入方式について、非常にザックリと説明しておきたい。大きく分けて、「一般輸入」と「SBS（売買同時契約）」と言われる方式に分かれる。主流は一般輸入である。76・7万トン（玄米トン）の内、一般輸入が65万トン前後、SBS方式が10万トン（実トン）という整理でいいだろう。

一般輸入

一般輸入は仕組みとしては簡単であり、農林水産省が一元的に輸入した後、マークアップを付けて国内に販売するということである。輸入する際は、最初から国を指定して入札に掛けるケースとどこから輸入するかを含めて入札に掛けているケース（グローバル・テンダー）に分かれる。

色々な意味で「神の手」として使われており、GATT／WTOルールとの整合性が最も問われかねない部分である。「神の手」とは、どういうコメをどの国から輸入して、どういう使い方をするかをこの一般輸入の部分で調整することを指す。援助用、加工用に回るようにするのも、輸出国、数量の調整をするのも、この仕組みによってであり、SBS方式での輸入が不調で10万トンに到達しなかった時でも残りの部分はここで律義に購入する。

したがって、一般輸入の内、国指定とグローバル・テンダーとをどの程度の比率にするかは農林水産省の胸先三寸である。そして、グローバル・テンダーでは、アメリカ米よりもタイ米の落札の方が遥かに多い。しかし、一般輸入全体で見るとアメリカ米の輸入の方が多くなっている。国指定輸入でアメリカから輸入する量が決められてくるからである。結果として、一般輸入でアメリカ産を年30万トン前後輸入しており、年度末になってその水準への到達が難しそうな時はかなり露骨に神の手が入る。年度末の最後の入札とその1回前の入札における、神の手ぶりはある意味芸術的ですらある。

一般輸入は、運用上の問題があるというよりも存在そのものがグレーなのである。

SBS方式

ミニマム・アクセス米の大部分は一般輸入であるが、10万トン程度については輸入業者とエンドユーザーが直接取引をして、国はその途中でマークアップ（内外価格差）を中抜きするだけのSBS輸入である。

輸入業者と国内のエンドユーザーがペアで国の入札に参加して、幾らで国に売り渡すのかと、幾らで国から買い入れるのかの札を入れる。そして、国の売渡価格と買入価格の差（マークアップ）が大きいものから落札していく。こちらは実需をそのまま反映するので主食用に向かうことが多い。GATT／WTOのルールから言えば、実需を反映しやすいSBS方式で輸入するのであれば法的問題が生じることは減ってくる。ただし、すべてSBS方式で輸入すると主食用のコメしか入って来なくなることから、農林水産省はSBS方式の更なる拡大には基本的には慎重である。

国家貿易の裏で

アメリカへの利益の配分

ウルグアイ・ラウンド時に何故、アメリカがミニマム・アクセス米輸入における国家貿易の仕組みにＯＫを出したかと言うと、日本側から「食糧庁（当時）による国家貿易でガチガチに管理する形で合意すれば、アメリカ産米に配慮できるでしょ。」と囁いたからだと言われている。昔から言われていることだが、コメについては「アメリカ産の日本市場でのシェアは、アクセス輸入数量の半分」という密約の疑いが拭えない。というか、その密約が存在しているのでなければあり得ないくらい、日本のミニマム・アクセス米の輸入のシェア配分は奇妙なのである。

ＷＴＯ協定が発効してからそろそろ25年。毎年、日本のコメ輸入の半分はピッタリとアメリカ産米である。アメリカ以外の国のシェアは常に揺れ動くのだが、アメリカ産だけは決まった様に半分のシェアになる。前記の通り、年度末の入札になると、そこまでの輸入状況がどうであろうとも、決まった様に農林水産省の神の手が入って年間シェアが揃うようになっている。また、ウルグアイ・ラウンド時のアメリカ側の交渉官は「日本は輸入の半分をアメリカ産とすると約束した。実際に輸入しなければ約束違反で訴える。」とまで公言しているのである。

ただ、この全量輸入＋アメリカのシェア半分という密約は、更なる自由化要求を止めるツールにもなっている。アメリカ側から「日本のコメ輸入をもっとマーケット・メカニズムに沿った形でやるべき」と求められると、常に「そんなことをしたら、日本では誰もあなたのコメなんて買いませんよ。それでいいんですか。」と返すことにしている。実際、一般輸入における国別の輸入数量は、前述の通り、入札仕様書の段階で指定されて来るものが多い。本当に実需を踏まえるのであれば、グローバル・テンダーで落札されやすいタイ米がもっと輸入されるはずである。この理屈は与党国会議員にもかなり定着している。

そして、自由民主党のＴＰＰ対策委員長（当時）は、ＴＰＰ交渉時、議員外交の一環としてそういう主張をアメリカでしてきたことを公の場で自慢げに話していた。農林水産省の入れ知恵だろう。後述の通り、国家貿易を恣意的にやっているということでＷＴＯ協定違反になる主張である。内々にそういう主張をすることは外交の一手法として否定されるべきものではないが、公の場で自慢げに言うのは全く国際的なセンスが無い。いつの時から自由民主党の農水族議員はこんなに劣化したのだろうかと、残念な気持ちになった。

国内マーケットの管理

ミニマム・アクセス米の輸入については、国内産米の需給に出来るだけ影響を与えないようにするとの閣議決定がある。結果として「ミニマム・アクセスで輸入した分は食卓に上らないよう加工用や援助用に使う。」という不文律みたいなものがある。ミニマム・アクセス輸入分76・7万トンの内、我々が普通に食べる短粒種の輸入はかなり限定的であり、国内での主食用としての消費があまり想定されない中粒種、長粒種の輸入が多い。それを加工用や援助用に回しているわけである。この点は常にアメリカから「うちのコメが日本の食卓に並ぶようにしてほしい。」と要望があるが、ここまで日本は拒否し続けている。

ミニマム・アクセス米の法的問題

ここまで書いた「よく出来た仕組み」としてのコメのミニマム・アクセス輸入であるが、当然、GATTやWTO農業協定との関係で法的な問題点がある。主に3点に要約される。

市場アクセス

まず、国内市場への輸入アクセス機会をきちんと提供すべしというGATT／WTOルールとの関係である。アクセス機会を提供するというのは、国内の需要をきちんと反映すべしと言い換えることも出来る。「ルールに従えば、もっとミニマム・アクセス米が食卓に並ぶようになるはずではないか。何故、加工用や援助米ばかりしか輸入しないのか。それは日本の国内市場にアクセスをきちんと提供していないからではないか。」と言われると、法的にはかなり厳しい。

内国民待遇

次に、国産米と同等の扱いをしなくてはならないというGATT／WTOルールがある。輸入したコメばかりを援助に回しているというのは、国産米との同等待遇とは言えずルール違反ではないかという指摘もかなり圧し掛かる。そもそも、輸入する時点で、日本国内で売れなさそうなコメを輸入していることが原因ではあるが、それも含めて内国民待遇が提供されていないことを指摘されたらまず勝てないだろう。

国家貿易

国家貿易は「商業的考慮のみに従って」売買を行わなければならないというルールもある。農林水産省が商業的考慮のみに基づいてミニマム・アクセス米を売買したら加工用・援助用だった、アメリカのシェアがぴったり半分に揃った、という理屈はまず通らない。

実はこれら三つの問題点から分析すると、ウルグアイ・ラウンド妥結時に閣議決定された「ミニマム・アクセス米の輸入は国産米の需給に出来るだけ影響を与えない。」ということと国際ルールとの関係はかなり微妙なのである。仮にどこかの国が日本のコメの輸入の仕組みをWTOの紛争解決に訴えて来た時、日本が勝てる気が全くしない。

日本がコメについてアメリカとの交渉でどうしても劣勢に立たされるのは、これらの法的論点をＷＴＯの紛争解決に持ち込まれたくないという考慮が深層心理の所にあるからである。持ち込まれたら、まず勝てない。なので、ミニマム・アクセス米全体の半分のシェアを提供する密約等を駆使しながら宥めてすかしてやらざるを得ないのである。もっと踏み込めば、「日本のミニマム・アクセス枠の中で真の自由な競争が働いたら負けるアメリカ」と「国内コメ市場への影響を遮断したいが、市場アクセス、内国民待遇、国家貿易の3つの法的論点で負け筋な日本」とが緩やかに共謀しているのが現在の仕組みだと言えるかもしれない。

ＴＰＰの結果

結果総論

アメリカとオーストラリアへの枠の拡大に留まり、関税やマークアップの仕組みは温存されたので、基本的には影響はかなり限定的なものとなっていた。最終的にはコメの受け入れ枠をアメリカ7万トン、オーストラリア0・84万トンまで拡大することで合意された。前述の通り、この内、発効しているのはオーストラリア分のみであるが、日米通商関係のあり方、日米貿易協定の見方に大きく関わるので、アメリカ分について詳細に述べていきたい。

ミニマム・アクセス米の輸入を国家貿易で行っており、その中でアメリカ産に「概ね全体の半分」という固定シェアを与えることで既得権益をきちんと提供していると思われるので、TPPにおいては対アメリカで追加的にどれくらい色を付けるか、そして、アメリカだけに色を付けると不満を持ちそうなオーストラリアをどう宥めるかということが課題であった。

そして、日本側は、これらの追加的な枠の拡大については国産米を備蓄米に回す際の回転を早くすることで、国内市場への影響を限定的にしようとした。現在、備蓄米を概ね100万トンとしているが、これまでは5年備蓄して回すことにしていた。つまり、毎年20万トン分を備蓄に回して、5年経ったら備蓄から外すということである。しかし、TPP妥結時に3年備蓄に切り換えることが検討された。そうすると、機械的に計算すれば毎年33万トンの備蓄となる。したがって、備蓄に回せるコメの量が毎年13万トン増えることとなる。国内のコメの消費量減とTPPによる輸入量増による影響をそれで減殺するということだっただろう。当然、それに伴う国費負担がかなり出ることが想定されていた。簡単に言うと、カネで解決するということである。

アメリカとの密約

奇妙な輸入「新規枠」

そして、TPP合意では、既存のミニマム・アクセス米輸入の一部（6万トン）をSBS輸入新規枠として中粒種・加工用に向けるという変更点もあった。これについて、国内向けには「国内の需要動向に即した輸入や実需者との実質的な直接取引を促進するため」と説明していた。特に説明上はアメリカ向けという言葉は一切出て来ない。しかし、かねてから、この部分は恐らくアメリカのアーカンソー州産米を想定したのではないかと言われていた。これまで日本がミニマム・アクセス枠で輸入してきたアメリカ産米はカリフォルニア州のサクラメント付近で作っているコメであったが、今回、アメリカはもう一つのコメどころであるアーカンソー州産米の受入れを迫ったと聞いている。オバマ政権はこの交渉を使いながら、アメリカ全体に利益分配をしようとしているのが垣間見えるものだった。

国際貿易委員会による密約の報告

そして、平成28年5月にアメリカの国際貿易委員会が連邦議会に提出した報告書に衝撃的な記述があった。この6万トンの内、80％に当たる4・8万トンについてはアメリカ産になるという「密約（undocumented commitment）」に関する記述であった。日本共産党からコメ密約を追及された安倍総理は「それはアメリカのコメ業界がそう理解しているだけだ。公表されているものがすべてであり、密約など無い。」と突き放した。

しかしながら、その後の推移を見ていると国際貿易委員会が指摘したミニマム・アクセス米密約の存在を窺わせる。何故なら、アメリカ抜きのＴＰＰ11が発効する際、この6万トンの新規枠を中粒種・加工用で輸入する件が発動されなかったのである。これで密約の存在はほぼ確定したと言っていいだろう。以下、説明したい。

本当に「国内の需要動向に即した輸入や実需者との実質的な直接取引を促進するため」に6万トンの中粒種・加工用新枠を設けるのであれば、アメリカがＴＰＰに入ろうが入るまいがすぐにでも発動すべきものである。しかし、日本政府はＴＰＰ11発効時にそれをやらなかった。つまり、この6万トンの部分にアメリカ向けのタマの要素が含まれることは確定出来る。ＴＰＰ11にアメリカが加わらなかった以上、この部分は将来的な日米二国間交渉の際のタマとして残したと見るのが当然の論理である。そうである以上、その6万トンの80％に当たる4・8万トンをアメリカ産のコメ輸入に充てるという密約が存在すると言っているアメリカの国際貿易委員会の報告は強く裏付けられたと言っていい。

整理すると、①アメリカが密約があると言っている、②それを裏付けるだけの状況証拠も揃っている、のである。どうしてもこれを否定したいのであれば、その挙証責任は１００

パーセント日本政府側にあった。TPP11成立後、本件について聞かれた農林水産省は「ミニマム・アクセスの運用見直しにつきましては、今後、コメをめぐる国内外の諸情勢を見極めながら、慎重に見極めていくこととしております。現在は実施しておりません。」と回答していた。こんな理屈を信じる者は居ない。

50万トンの輸入を要求したオバマ政権

ここまで書いてみて、私は「交渉でオバマ政権は50万トンの輸入を要求したのだろう。そして、日本はそれに応えるために密約をくっ付けた。」という結論に到達した。オバマ大統領にとって、コメの産地であるカリフォルニア州は強固な支持層であり、民主党の地盤を固めるためにコメを少しでも多く輸入させることに大きな利益を見出していたはずである。この読みで恐らく間違いないだろう。

まず、現在であるが、WTO協定におけるミニマム・アクセスで76・7万トンの半分がぴったりとアメリカ産になっている。現在の輸入量が概ね38万トン前後となる。それを前提にした交渉で、今後、日本のコメ輸入については次のようになることを想定したのだろうと思う。

①WTOミニマム・アクセス（一般輸入） 60万トン強
（加工用・援助用に回されている。）
②WTOミニマム・アクセス（SBS方式） 10万トン
（主食用が多い。）
③WTOミニマム・アクセス（新設SBS方式） 6万トン
（中粒種・加工用。8割の4・8万トンはアメリカ産との密約。恐らくはアーカンソー州のコメを想定。）
④TPPアメリカ枠 7万トン（発効後5万トン→13年後以降7万トン）
⑤TPPオーストラリア枠 0・84万トン（発効後0・6万トン→13年後以降0・84万トン）

①＋②＋③で、WTO協定で約束した76・7万トンになる。これまでアメリカから、その半分の38万トン前後を輸入して来ていた。TPP12が成立した後は①＋②の中で38万トンを輸入して、③の4・8万トンも新規のアメリカ輸入枠とすることを考えたと思われる。そうすると、38＋4・8＋7で大体、アメリカからの輸入量が50万トンになる。

想像の域を超えないが、結果と密約から見ていくと、オバマ政権は交渉で50万トン輸入を要求したと思われる。普通に考えれば、そういう要求に満額回答を出そうとするとまずは④の

TPP枠を12万トン（50－38）上積むことを考えそうなものである。しかし、12万トン分の影響を備蓄米の仕組みで吸収しようとすると財政負担が重過ぎる。財務省主計局から、財政負担との関係で譲歩可能なラインが7万トンだと示されたのではないかと思う。そうすると、5万トン分を何とか別の形で上積みせざるを得ないので、既存のミニマム・アクセス米輸入の中で、中粒種・加工用に限定した新設SBS方式輸入を入れ、8割をアメリカ産にする密約を交わす形で調整を付けたのだろう。何とかして財政的な追加負担を抑え込もうとする姿が見て取れる。

アメリカのコメ生産事情

ちなみに、私はアメリカのコメどころであるカリフォルニア州サクラメントの「コメ畑」を訪ねたことがある。たしかに壮大な光景であり、日本の水田とは桁が違う。そこで日本の国産米に引けを取らないカリフォルニア・ローズを作っている。しかしながら、サクラメントは地中海性気候の地域であり、夏は非常に乾燥している。したがって、水の調達に難を抱えている。遠く聳《そび》えるシエラネヴァダ山脈の雪解け水を灌漑に使っているのだが、それにも一定の限界があるようだった。日本に輸出すると言っても、日本のコメ市場を席巻する程の力はないし、サクラメントのコメ農家にその意思もない。むしろ、具体的に計算したわけではないが、あれだけ大規模にやっていて連邦政府からの補助金もかなり手厚い割には、サクラメントのコメは競争力が低いというのが率直な感想である。

また、アーカンソー州のコメであるが、これは加工用・中粒種なので全く別物だと思っていいだろう。既にアーカンソー州米を日本酒製造に使っている実績がある。そもそも、ミシシッピー川沿いで作るコメの大半は食味として日本人の口には合わない。在日アメリカ人も「アーカンソーのコメは日本人の口には合わないよ。全く別物だ。」と言っていた。コメに対する考え方が根本的に異なっているのである。

SBS輸入に伴う「調整金」問題

不思議な場所に出る「濡れ手に粟」

TPPの国会審議中に、コメ輸入のSBS方式の「裏」が大問題となった。これは問題の所在がとても複雑なので、出来るだけ簡単に説明したい。

まず、私が国会質疑で使ったこの図を見ていただきたい（簡略化しているため、利益等は勘案していない）。商社が仕入れたコメを政府が一旦買い取り、それを政府が卸業者に売り渡す、政府はマークアップ（売買差益）を徴収するという仕組みを同時に行うのがSBS方式

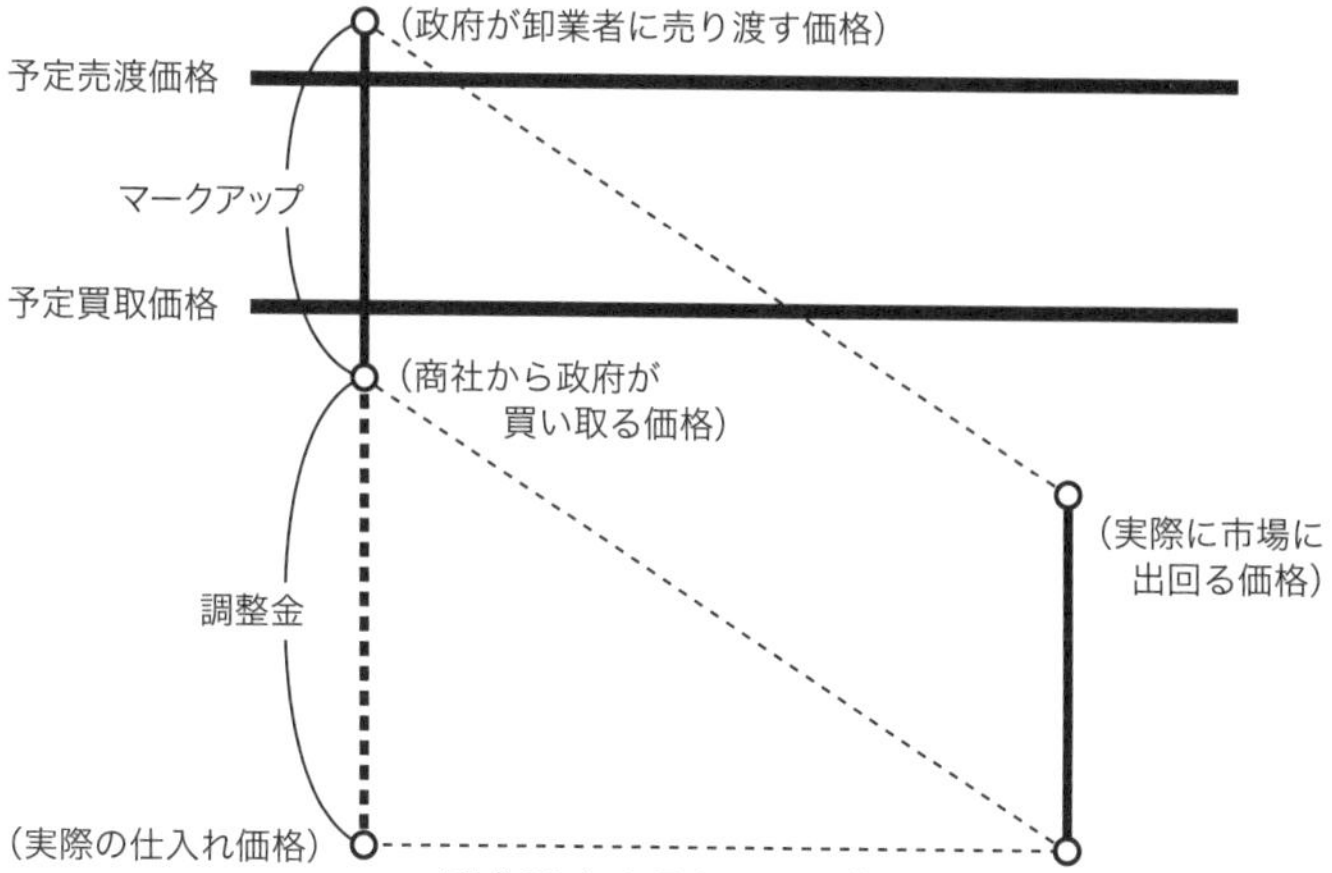

平成28年9月30日　予算委員会　緒方林太郎（民進党）
出典：緒方林太郎事務所作成

であることは既に述べた。大問題の原因となったのは、図にあるように、商社から政府が買い取る価格と実際の仕入れ価格との間にかなり大きな隙間があるということである。国の買取価格と仕入れ価格の間の部分は自然に輸入商社のポケットに入ることになっている。ここに濡れ手に粟、レントが生じているのである。そして、このレントをどう使ったかというのが重要である。それが私の図で言うところの右側のように使われたら、輸入米が実際に国内市場に流れる時の価格引き下げに繋がる。つまり、輸入業者が得たレントを販売奨励的な名目で卸業者に渡して、卸業者はその分価格を下げて国内市場に流す。これを業界用語で「調整金」と呼んでいるようである。

ただ、よく調べてみると、このレントの使い道は多種多様であり、必ずしも図にあるような「調整金」だけではない。輸入米価格の引き下げなのかもしれないし、場合によっては商社に字義通りのレント（不労所得）で残っているかもしれないし、商社と卸で分け合っているかもしれないし、別のコスト負担に使っているかもしれないし、様々な可能性がある。その一つが「調整金」なのである。

ただし、現在の仕組み上は必ずレントが生じる以上、何らかの形で業界内の潤滑油的な使われ方をしているのだろう。恐らく輸入業者と卸業者の力関係によって、使われ方が異なるのだと思う。調べてみたら、卸業者が強いこともあれば、輸入業者の傘下にあるような卸業者というケースもあった。

「調整金」としての使い方であれば、輸入米の価格が下がるため、消費者からすると安い輸入米が手に入ることになる。ＳＢＳ方式の目的は輸入米の価格を維持することを通じて、国産米価格維持をするということであるため、調整金の仕組みが大規模に行われるのであれば、国内のコメ市場の価格下落にも繋がり得る。農林水産省は「（調整金の存在によって）国産米価格に影響は無かった。」と言っているが、説明を聞く限りはそれ程説得的ではなかった。「調整金による価格下落効果は無かったかもしれないし、あったかもしれない。」くらいの印象だった。

制度の間隙に産まれたレントを利用して、制度が全く想定しない輸入米価格の値下げが行われていたという点で、本件は大問題になった。しかし、ＳＢＳ方式の制度の運用としては、本件は何の違法性もない。多分、農林水産省は、ＳＢＳ方式に多くの業者の参加を得るため、意識的にこのようなレントの存在を放置してきたのだと思う。しかし、ここでよく考えてみたい。そのレントは誰の負担だろうか。当然、その輸入米を購入している国民である。では、このレントが生じなくする方法は無いのだろうか。勿論、理論上そのような解決方法はある。非常に簡単に言えば、マークアップ（売買差益）の幅を厚くして、現在、レントとなっている部分をすべてマークアップで国が徴収してしまえばいいのである。マークアップは米麦の輸入に伴う様々な経費を賄うために使われており、マークアップの額が増えれば政府の財政負担軽減になる。つまり、国民負担が減るということである。

「濡れ手に粟」と国民負担

しかし、問題が大きくなった後に当時の農林水産省が出した方針は、単に「輸入業者（商社）及び買受業者（卸）との間で金銭のやりとりを行ってはならない。」という新しい規制を盛り込むだけであった。ＳＢＳ方式とは、レントを放置することで何らかの旨味を提供しないと回らない仕組みなのだろうと、当時、直感的に思った（そのような仕組み自体が間違っているのだが)。しかしこの新しい規制であればレントは残る。その扱いについて、極めて部分的に取引規制をするだけである。このままであれば、また、レントを使った第二の、第三の「調整金疑惑」は出てくるだろう。そんな知恵は少し考えれば、幾らでも出て来る。

つまり、まとめると、SBS方式とは、国民負担によって、制度の潤滑油的にレントを商社や卸業者に提供しないと上手く行かない仕組みなのである。制度疲労は否めない。

「よく出来た仕組み」の見直し

マーケット・メカニズムに沿っているか?

ここまで書いて来た上で、私が思うのは、この国家貿易の仕組みや輸入方式そのものを見直す時に来ているのではないかということである。この国家貿易による全量輸入の大前提になっているのは、WTO協定が発効した平成7年時点での圧倒的な内外価格差である。しかし、国産米と外国産米の内外価格差は、少なくとも平成7年時よりも縮まってきている。日本産米のブランド力は諸外国でも非常に高い。

15年前くらいに私がWTOドーハ・ラウンド交渉を担当していた時代ですら、ある農林水産省幹部が内々に「緒方君、こんな仕組みが長く続くはずが無いんだ。どこかで変えなきゃいけないいんだよ。」としみじみ語っていたのを思い出す。

平成7年時点では、このよく出来た仕組みはベストだっただろう。しかし、今、この仕組みがベストだと私は思わない。せいぜい「(完全自由化よりは) ベター」くらいではないだろうか。日本にはこの手の話がよくある。ある過去の一時期に「ベスト」であったものが、事情の変化によって「ベスト」でなくなっているのに、そこで生まれた既得権益にとらわれるがあまり手を着けられないのである。よく言われる役所の前例主義の弊害は正にこの点にあると言っても過言では無かろう。この25年弱の間に多くの与件が変わっているのだから、もう一度まっさらの状態から見直して、よりマーケット・メカニズムに沿った仕組みを考えるべきだと思う。

何よりも、今の仕組みのままではコメ輸出国からの恫喝に弱いのである。WTOの諸ルール違反で紛争解決手続に持っていかれることを恐れると、どうしてもコメについての諸交渉は弱腰にならざるを得ない。もっと強く出るようにするためには、コメの輸入制度を改革するしかないのである。詳細は省くが、WTOドーハ・ラウンド交渉の最中、農林水産省はかなりの危機感を持って大幅な関税引き下げを前提としたコメの制度の検討をやったことがある。追い込まれてからではなく、平時の時からこの聖域に着手するだけの勇気を持つ農林水産大臣の登場を待ちたいと思う。

輸入制度改革のための三条件

法的問題の所で述べた通り、検討する課題は既に明確であり、輸入アクセス機会をきちんと提供すること、輸入したコメに内国民待遇を確保すること、国家貿易の主体である農林水産省が商業的考慮のみからコメ輸入を運営すること、この三つである。すべてを完全にクリアーすることは難しいかもしれないが、少しでもこれら3条件をクリアーしていく方向で日本のミニマム・アクセス米輸入制度を改革すべきである。また、私自身、具体的なアイデアを固めきれているわけではないが、直感的には、コメの種類を関税表で細分化することで譲れるもの譲れないものを明確に分けていく所からスタートすれば色々な知恵が湧いてくるような気がする。

もっと言えば、TPP12でアメリカは50万トンの輸入を要求していたと思われることは既に書いた。整理して再掲すると、①ミニマム・アクセス米の半分である38万トン、②ミニマム・アクセス米の新規枠（中粒種・加工用）の8割に当たる4・8万トン、③TPP新規枠の7万トンで概ね50万トンである。そして、①と②は密約絡みである。「7」と「50」の違いを理屈で埋めようとすると、どうしても二つの密約を挟み込んで、嘘をつかざるを得ないのである。最終的にTPP12は発効せず、後述する通り、日米貿易交渉においてコメに関する日本の譲歩はすべて成立しなかったので、当面の問題としては①の密約が残るだけである。しかし、将来的にＴＰＰ12における②及び③と似たような要求は提起されるであろう。特に２０２０年大統領選挙で民主党候補が勝利すれば、再度50万トンの要求が出てくることは確実なのである。その時のことを想定すると、密約が一つでも適当でないのに、二つくっ付けないと運用できないような現行制度はもう真っ当なものとは言えないのである。

第6章
魑魅魍魎の住む魔界2
誰も正しく理解していない豚肉輸入の闇

「そりゃ、差額関税制度は経済原理的にはおかしいさ。けれども、我々はそれで儲かっている。そして、(アメリカではそこまでメジャーでない)テンダーロインの豚肉を日本は高値で引き取ってくれる。差額関税制度を止めるべきという議論は理解するが、その結果できる仕組みは自分達がもっと儲かるものでないと、そのゲームには乗れないな。」

私がアメリカのミートパッカー(食肉加工業者)に「日本の差額関税制度(豚肉の輸入制度)はおかしいと思わないか。」と話した時、返って来た言葉である。日本の豚肉の制度の歪みを簡潔に言い表している表現であった。日本の豚肉輸入は、当初から現在に至るまで誤って理解され、将来に亘って誤解と不利益をバラまいている。この歪みを「12の嘘」という視点から見直してみたい。

差額関税制度という異常な仕組み

日本の通商の問題点の強調された縮図

豚肉の輸入の仕組みというのは「差額関税制度(Gate Price System)」と言われる。他の品目と比較して、明らかに関税率のグラフが異質である。これは極めて特殊な仕組みであって、WTO協定によって農産品がすべて関税化された現代社会ではこのような関税制度は日本の豚

豚肉の差額関税（現行）

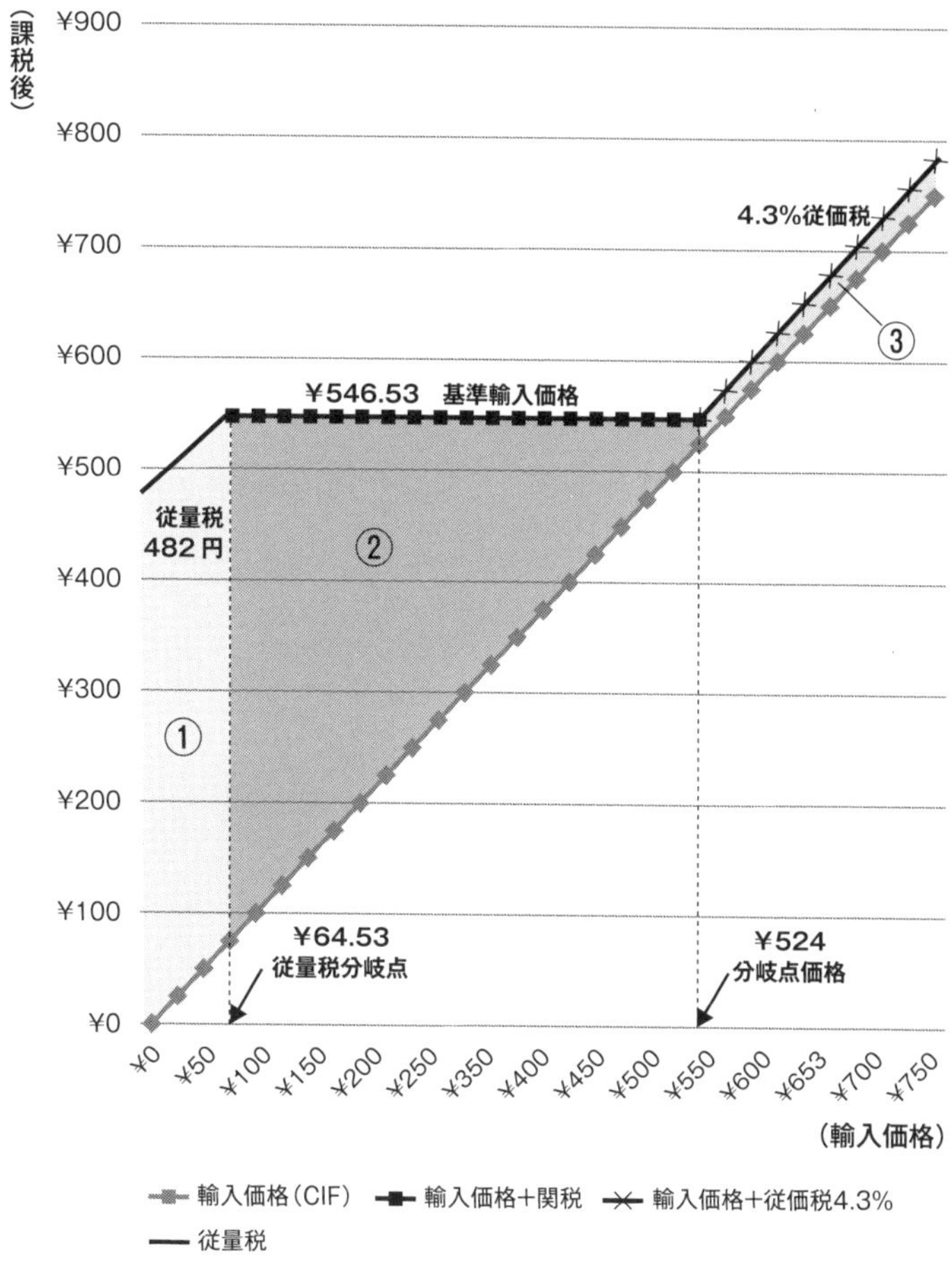

（課税後）
¥900
¥800
¥700
¥600
¥500
¥400
¥300
¥200
¥100
¥0
4.3%従価税
③
¥546.53 基準輸入価格
従量税
482円
②
①
¥64.53
従量税分岐点
¥524
分岐点価格
¥0 ¥50 ¥100 ¥150 ¥200 ¥250 ¥350 ¥400 ¥450 ¥500 ¥550 ¥600 ¥653 ¥700 ¥750
（輸入価格）
輸入価格（CIF）
輸入価格＋関税
輸入価格＋従価税4.3%
従量税

肉だけのはずである。この豚肉の輸入には、日本が抱える通商関連の問題点が凝縮している。

グラフを見ていただければ分かるが、この仕組みは三つに分かれている（①～③はグラフに対応）。前頁の２本のグラフの間の部分が課税分である。

①輸入価格が0円／kgから64・53円／kgまでの時は４８２円／kgの関税が取られる。ただし、このような低価格の輸入はほぼ存在しない。

②輸入価格が64・53円／kgから５２４円／kgまでの時は、５４６・53円－（輸入価格）の差額を関税として取られる。

③輸入価格が５２４円／kg以上の時は４・３％の関税が取られる。

この②の部分を指して、差額を関税として徴収することから差額関税と呼んでいる。②の部分では、70円／kgで輸入しようが、３００円／kgで輸入しようが、５００円／kgで輸入しようが、必ず５４６・53円／kgとの差額を関税で取られて、関税賦課後の価格は必ず５４６・53円／kgとなるというのがこの制度である。そして、５４６・53円／kgを基準輸入価格（課税後の価格）と呼び、関税額が最も安くなる５２４円／kgの輸入価格ポイントを分岐点価格と呼んでいる。制度創設時は「せきとめ価格」という言葉を使って、あたかも基準輸入価格以下の豚肉の輸入はせきとめられるかのような説明をしていた。本当にそうであれば、546・53円／kg以下の豚肉は絶対に輸入されてこないので鉄板の保護効果が保証されることになる。

結果として、一定の税率というものがこの仕組みには無い。70円／kgで輸入すれば、476・53円／kgの関税を徴収されるので税率は650％を超える。500円／kgで輸入すれば、46・53円／kgを徴収されるので税率は10％を下回る。そして、524円／kgの分岐点価格で輸入すると22・53円／kgの関税を徴収され税率換算では4・3％、ここで最も関税額が低くなる。

諸悪の根源――コンビネーション輸入という裏技

この制度は昭和46年、豚肉の貿易自由化が行われた際に導入された。しかし、当時から外国産の安い豚肉への需要は多く、差額関税制度が本当に「せきとめ価格」として機能して、基準輸入価格以下では豚肉が輸入されなくなると大問題であった。現在の制度で言うと、546・53円／kgより安い豚肉が入って来なければ、国内で生産されるハム、ソーセージの価格は暴騰する。間違いなく、エンドユーザーからも、消費者からも大批判が起きるはずである。「せきとめ価格」の制度を作っておきながら、本当に差額関税が機能して、一定価格以下の豚肉が輸入されるのをせきとめられては困るのである。

そこで生み出されたのが、部分肉を組み合わせて輸入する「コンビネーション方式」である。豚肉輸入については、現在に至るまでこのコンビネーション方式が非常に重要な役割を果たしている。もっと言うと、このコンビネーション方式が無いと差額関税制度は農林水産省が望むような形で機能しないのである。これは何かと言うと、低価格部位、高価格部位を一緒にして（コンビネーション）一つの「豚肉」という貨物として輸入することである。輸入した後はまたバラして、それぞれの価格で国内市場に流すということである。

ここで分かっていただけると思うが、まず、基準輸入価格以下の豚肉が国内に入ってこないというのは大きな勘違いである。この仕組みによって、差額関税制度にもかかわらず低価格部位の豚肉が低価格のまま国内で流通できるのである。

なお、低価格部位とはハムやソーセージに使われるもので、高価格部位とはロース、フィレといったものでトンカツを想像していただければいいと思う。国内で需要が高いのは低価格部位の豚肉である。高価格部位の輸入豚肉については、国産の豚肉にブランド力、競争力があるため、そこまでの強い需要が無い。

嘘・その１――「差額関税制度」ではなく、「分岐点価格輸入制度」

では、コンビネーション輸入の時、最も合理的な豚肉の輸入方法とはどのようなものであろうか。それは様々な部位を織り交ぜながら上手にコンビネーションを組んで分岐点価格の所で輸入して、基準輸入価格で輸入するというのが最も合理的である。一番払う税金が少なくて済むのである。具体的には、現在の仕組みでは、５２４円／kgで輸入して22・53円／kg（４・３％）の関税を支払い、５４６・53円／kgで通関するのが最も関税が安くなる。そして、このポイントで輸入をした後は、最終的には部位毎にバラして、それぞれの部位に４・３％の関税を付した水準をベースにした金額でエンドユーザーに売却していくことになる。

実際、通関統計を見れば分かるのだが、豚肉輸入のほぼすべてはこの分岐点価格近傍での輸入となっている。繰り返しになるが、例えば、輸入価格３００円／kgで関税を２４６・53円／kgを払って輸入している事例などまずない。そのようなコスト高の豚肉を国内で買ってくれるエンドユーザーは居ないのである。差額関税制度のグラフを見ていると、色々な価格の豚肉が輸入され、それらはすべて基準輸入価格である５４６・53円／kgまでの差額を徴収されているかのような誤解を抱くが、実務上はそうはなっていない。このような輸入実務の慣行は、差額関税制度導入時から現在まで続いている。

つまり、この差額関税制度は、如何なる価格で輸入しようとも基準輸入価格との差額を関税として徴収する制度ではない。ほぼすべての豚肉は、524円／kg付近で輸入され、概ね22・53円／kg（4・3％）の関税を支払い、546・53円／kgで通関しているわけである。この制度は、その1点で輸入することを強制するという意味で「分岐点価格輸入制度」とでも呼ぶべきものだろう。どういう価格で輸入するかを国の制度が強制するという意味で、自由貿易の理念を完全に否定する仕組みである。

国内での説明

嘘・その2——現実と乖離した国会答弁

つい最近まで、農水省は次のように説明していた。TPP合意直前まではこの表現がスタンダードだったし、今でもこういう理解の政治関係者、農業関係者は多い。

【衆議院内閣委員会（平成27年8月7日）】
○大野政府参考人（農林水産省畜産部長）（略）差額関税制度につきましては、輸入価格が低い場合に基準輸入価格に満たない部分を差額関税として徴収して、それで国内養豚農家を保護する、一方で、価格が高い場合には低率な従価税を適用することによりまして関税負担を軽減し消費者の利益を図るという、生産者の利益と消費者の利益のバランスに配慮した仕組みである、双方にとって重要な仕組み、こういうふうに考えております。

【質問引用終わり】

低価格部位には差額関税で高い関税を課して国内養豚農家を保護し、高価格部位には低い関税を掛けて消費者の負担にならないようにする、という説明は、前記の「せきとめ価格」の発想である。勿論、コンビネーションのことなどどこにも出て来ない。

しかし、ここまでの説明で分かるように、実際には政府答弁に出て来る「輸入価格が低い場合」も「輸入価格が高い場合」も存在しないのである。輸入価格はすべて524円/kg付近しかないのである。貿易実務上、そうなっていたことを知りながら、つい最近まで農林水産省は国会で限りなく虚偽に近い答弁をしていた。

諸外国との交渉（TPPでの合意に至るまで）

このいびつな差額関税制度については、GATTウルグアイ・ラウンド時（平成6年妥結）の関税化では殆ど修正されなかった。また、豚肉自由化への要望が強かった日・メキシコ

ＥＰＡ（平成16年妥結）では、メキシコ側が差額関税制度の機能を正しく理解していなかったことから、メキシコにとって殆ど意味のない譲歩を高く売り付けることで切り抜けた。私が見聞きした限り、諸外国の交渉担当者も、日本の政治家も、農業関係者も差額関税制度＋コンビネーション輸入の機能を正しく理解していたとは思えない。これらの交渉経緯は通商法の視点からはとても興味深いのだが、技術的に過ぎるため紙幅の関係上割愛したい。

嘘・その３――錯誤を与える「資料」

そして、ＴＰＰ12、日ＥＵ・ＥＰＡ、日米貿易協定においては、差額関税部分が適用される低価格部位の価格帯が発効直後に急速に狭くなり（１２５円／kg）、5年後には70円／kgとなり、最終的には50円／kgの従量税部分が大半となる。そうすると、差額関税部分は本当に限られた部分だけになった。現在、４・３％が適用される高価格部位の価格帯も徐々に関税が削減され、最終的には関税撤廃となる。

これだけでは何を言っているか分からないだろうから、図で説明することにしたいのだが、ＴＰＰの結果説明に際して、内閣官房が出してきた図は噴飯ものであった。合意された際、豚肉について発表されたのはこの図（①）であった。

豚肉の差額関税制度-①

■10年目までという長期の関税削減期間を確保。
（従量税は近年の平均課税額23円/kgの約2倍（50円/kg）に引下げ、従価税（4.3%）は撤廃）。
■差額関税制度を維持するとともに、分岐点価格（524円/kg）を維持。
■関税削減期間中は、輸入急増に対するセーフガードを確保。

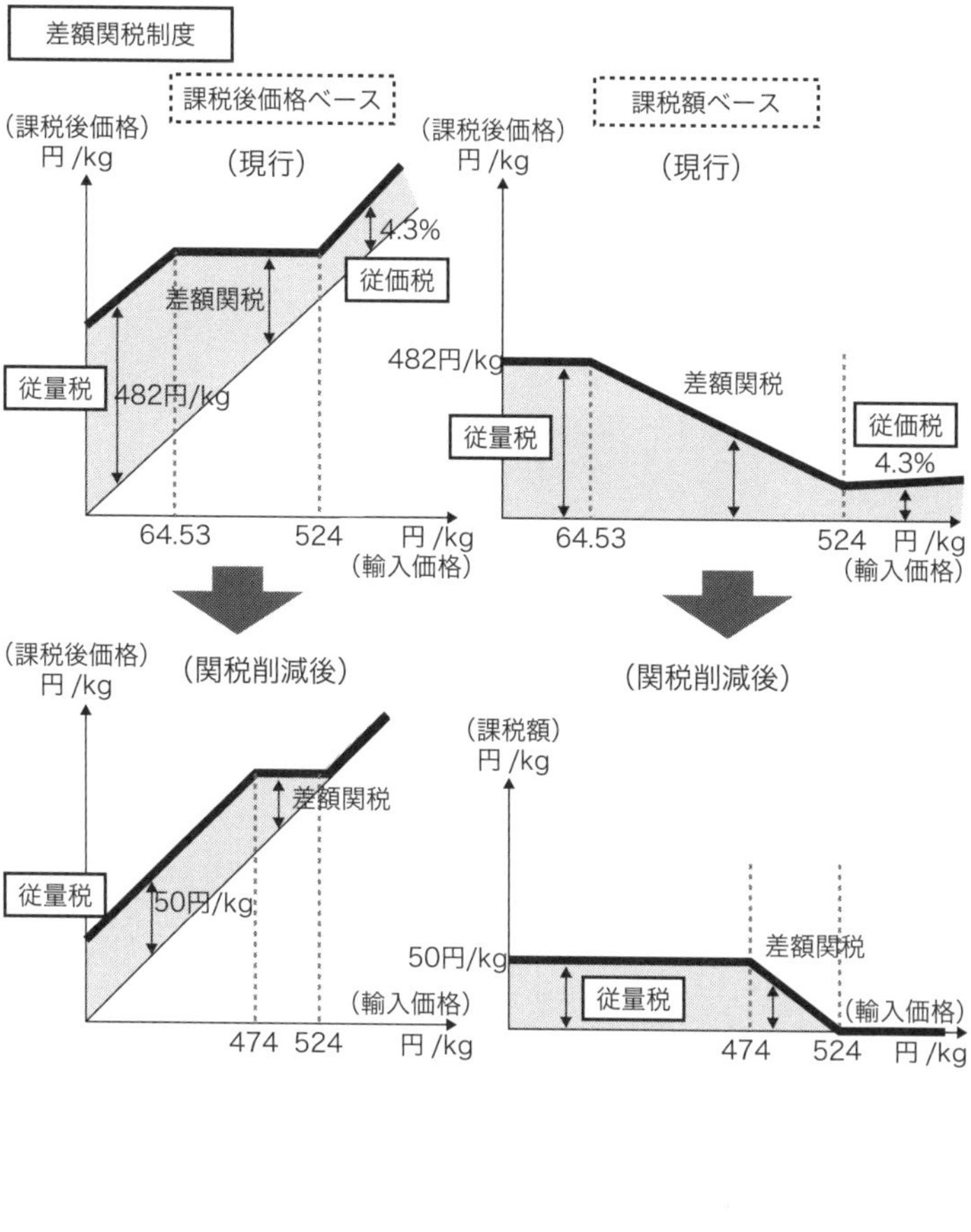

これを見ると、「交渉の結果、それ程大きな変化はないのではないか。若干、差額関税の幅が削られただけだ。」と思うだろう。このグラフはそういう印象を一生懸命与えようとしている。しかしながら、現職国会議員だった私は配布された資料を見た瞬間に「このグラフは縮尺がおかしい」と気付く。グラフに書かれている数字を見ていると、数字は正しいが縮尺がそれに沿っていないことが分かるのである。なので、国立国会図書館に「この内閣官房と農林水産省が作成したグラフを正しい縮尺で作成し直してほしい。」と依頼した。その結果出来てきたのが、次のグラフ（②）である。

この（正しい）グラフを見ていると、もう差額関税部分が非常に薄くなってきているのは分かっていただけるだろう。政府は意図的に錯誤を与えようとしていた。このグラフを見れば、どの程度差額関税制度やコンビネーション輸入が機能するのかを疑いたくなるだろう。TPPの結果説明では非常に嘘が多かったのだが、これが最大級の嘘だろう。「日本の国内養豚農家は分厚い差額関税で守られています。」という（間違ってはいるもののそれまで通用していた）理屈が通用しなくなることは明らかだった。

TPP交渉途中での疑問

TPP交渉において、非常に早い段階で合意に到達していたと思われるのが、この豚肉

豚肉の差額関税制度-②

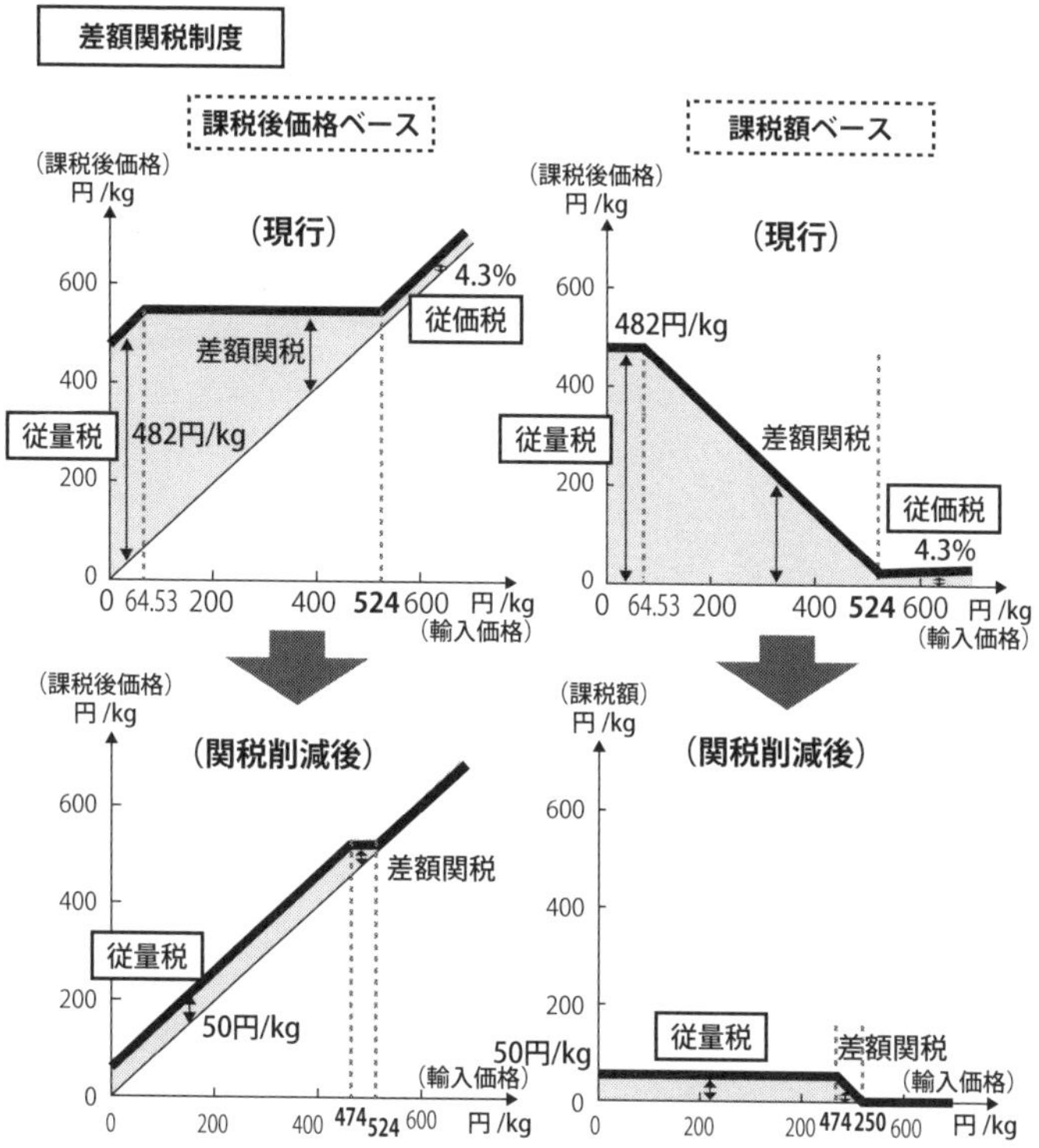

差額関税制度
課税後価格ベース
課税額ベース
(課税後価格)
円 /kg
(現行)
600
400
200
0
4.3%
従価税
差額関税
従量税
482円/kg
0 64.53 200 400 524 600 円 /kg
(輸入価格)
(課税後価格)
円 /kg
(現行)
482円/kg
差額関税
従価税
4.3%
従量税
0 64.53 200 400 524 600 円 /kg
(輸入価格)
(課税後価格)
円 /kg
(関税削減後)
差額関税
従量税
50円/kg
(輸入価格)
0 200 400 474 524 600 円 /kg
(課税額)
円 /kg
(関税削減後)
従量税
差額関税
50円/kg
(輸入価格)
0 200 200 474 250 600 円 /kg

だった。ＴＰＰでの合意が、その後の日ＥＵ・ＥＰＡや日米貿易協定にもそのまま適用されているので、ここですべてのベースが作られた。

総じてアメリカとの関係では「肉」に関する交渉は拗《こじ》れることが多い。２０１４年オバマ大統領訪日時のすきやばし次郎での会合で、オバマ大統領が「低価格帯（差額関税部分）の豚肉の関税を50円／kgに出来ないか。」と安倍総理に持ち掛けたようである。それがそのまま交渉結果として結実している。一説にはこれが交渉全体のブレークスルーになったとも言われている。

普通は首脳レベルでそのような個別品目の話が出ることは無い。オバマ大統領がこの「50円／kg」という数字をどういう根拠で言ったのかに興味があるが、多分、「安くなればいい」という以上の根拠を見出すことは難しいだろう。そして、報道によれば日本の交渉担当者は「50円／kgで下りてくれるのであれば、これはいただきだ。」と思ったそうである。何故、そういう判断になったのかは自分なりに悩んだが、実際にＴＰＰ11や日ＥＵ・ＥＰＡが発効した後の貿易実行を見ていて大体の理由が分かった。本件は後に詳述したいが、簡単に言うと、①発効直後の１２５円／kg、そして5年後の70円／kgくらいまでの削減幅である内は引き続きコンビネーション輸入が続くので大騒ぎにならない、②最終的に50円／kgになる時は低価格部位のみの輸入が増えてくるだろうが、その時にはもう皆ＴＰＰのことを忘れていて大騒ぎにはならない、という判断だと見ている。

ＴＰＰ妥結に伴う理屈の大転換

背景に埋もれていたコンビネーション輸入の前景化

ここまでコンビネーション輸入とセットになった差額関税制度について、歴史的経緯を説明してきた。しかし、実際はコンビネーション輸入については、ＴＰＰが妥結するまでは日陰者であり、表で説明されることはまずなかった。表でコンビネーション輸入を説明すると、差額関税制度が「せきとめ価格」的に機能していないことが明らかになるので隠していたのである。

嘘・その４――歴史の書き換えとそれに気付かない国会議員

しかし、ＴＰＰの交渉結果のように、差額関税部分がとても薄くなってしまう時にはどうしてもコンビネーション輸入の存在を明らかにしなくてはならなくなる。むしろ、「差額関税部分が薄くなろうとも、コンビネーション輸入は今後も継続するから、この制度は機能するのだ。」というふうに主張を大転換せざるを得なくなった。

簡単に言うと、これまで日陰者だったコンビネーション輸入が大舞台に立って、差額関税制度の有効性をアピールする役割を担わざるを得なくなったということである。

また、TPP妥結が明らかになるタイミングあたりから、農林水産省はコンビネーション輸入で入って来るので関税率は4・3%ということを喧伝している。つまり、こっそりと農林水産省は説明を変えたのである。普通の人が差額関税制度のグラフを見て想像するような、低価格の豚肉に高い関税が課されるという事実は無い。むしろ、4・3%という低関税率を狙って、高価格部位と低価格部位をセットにして輸出してくるので、低価格部位だけが入って来ることは無いというふうに、税率が安いことを積極的に売り込んでいるようにすら聞こえていた。要するに、それまでの「安い豚肉が入って来ない」という理屈ではなく、そっと誰も気付かない形で「安い豚肉『だけ』が入って来ることはない」という理屈に転換したのである。

最近では「差額関税制度下では、安い部位と高い部位と組み合わせるコンビネーション輸入が経済的に最も有利。コンビネーションを組む中で安い部位も一定量は輸入されるが、高い部位の需要を超えてコンビネーションを組んで輸入すると、高い部位の在庫リスクが生じるため、結果として安い部位の輸入を抑制する効果。」とまで言っている。しかも、図々しいのは制度を作ってから50年間ずっとそういう仕組みだったとまで言っていることである。

TPP以前は、国会でコンビネーション輸入に関する質疑が出たとしても散発的であり、基本的に焦点が当たっていなかった。そして、TPP妥結時前後から、国会ではこのコンビネーション輸入の存在が大っぴらに議論されるようになっている。政府からの「コンビネーションがあるから豚肉は守り切れる」という説明が与党議員には少しずつ広まっていた。

ただ、本当にその意味合いを理解している議員がどれくらい居るかというとかなり怪しいものである。実際の国会審議等を見ていると、今でも「せきとめ価格」の発想でいる議員が大半である。差額関税制度とコンビネーション輸入の仕組みを組み合わせた時に何が起こるのかという想像力が働いていないのだろう。論理をすべて組み合わせれば、「差額関税で安い豚肉は入って来ない。そして、その機能はTPPでも残した。」という説明がすべて間違っていることはよく分かるはずなのに、である。

嘘・その5――国際的に通用しない論理

本当は、この差額関税制度はWTO農業協定で禁じられる「最低輸入価格」に当たるおそれが極めて高い。最低輸入価格とは、どんな価格で輸入しようとも最低輸入価格までの差額をすべて徴収して、その最低輸入価格以下で国内に流通しないようにする仕組みである。これは自由貿易を阻害するので、WTO協定で禁じられている。

ただ、この差額関税制度については、昔から諸外国より「最低輸入価格である」との指摘が多くなされてきた。実はこの指摘に対する日本の対応はとても歪んでいた。差額関税制度が「せきとめ価格」であれば、限りなく最低輸入価格に近くなる。そして、最近までは「せきとめ価格」であることを前提として、「WTO協定違反ではない」という反論をしていた。つまり、「(せきとめ価格であるという)誤った前提」を守るために理屈をこさえていたことになる。前提が嘘であることを知りつつ、それを防御していたわけである。すべてがコメディだった。

しかし、最近は「コンビネーション輸入を認めていることから、基準輸入価格よりも安い豚肉が入って来ることが可能なので、WTO農業協定で禁じられる最低輸入価格制度には当たらない。」という方向に農林水産省は転換している。歴史の書き換えである。本当は基準輸入価格より安い豚肉が入って来ないのが差額関税制度のウリだったはずなのに、今や基準輸入価格よりも安い豚肉が入って来るから法的に問題ない、と言い切るようになった。ある通商法に詳しい学識経験者は、この理屈を聞いて「あり得ない。」と一刀両断に切り捨てていた。

【豚肉の差額関税制度に関する質問に対する答弁書（平成30年5月11日閣議決定）抜粋】

また、本制度においては、高価格の部位の豚肉と低価格の部位の豚肉とを組み合わせ、これらの豚肉を一括して一キログラム当たりの課税価格を算出して輸入することにより、基準輸入価格未満の価格の豚肉を輸入することも可能であることから、協定第四条2の注に規定する「最低輸入価格」には当たらないと考えている。

【答弁書引用終わり】

そして、この理屈は国際的に絶対に通用しない。この理屈を持ってWTOの紛争解決手続で議論したらほぼ確実に負ける。差額関税制度＋コンビネーション輸入による「分岐点輸入価格制度」の手法はWTO農業協定の精神に反している。また、コンビネーション輸入の仕組みそのものがWTO農業協定で禁じられる非関税障壁に当たると見做《みな》されるおそれが高い。更には、TPP妥結後の歴史の書き換えに至っては論外である。

本来、GATTウルグアイ・ラウンド交渉とは、このような複雑奇怪な仕組みを廃止するために行われたものであるので、世界のあちこちで採用されていた差額関税制度に類似する仕組みは同交渉にて全廃されたはずである。しかし、同交渉において日本はコメで大揉めしている間に時間切れにより差額関税制度維持で押し切った。冒頭で「世界中どこを探しても、このような関税制度は日本の豚肉だけだろう。」と書いたのはそういう趣旨である。実は他国から「うちもやりたい」と言われたことがあるのだが、新規でこんな制度をやろうとするのは絶対に無理である。

変化を迫られる「差額関税制度」

さて、TPP、日EU・EPA、日米貿易協定の結果、豚肉の差額関税制度はグラフを見て分かるように大きな変化を迫られている。しかし、農林水産省は「それでも差額関税制度の下でのコンビネーション輸入は続く。」と主張している。グラフを見る限りは、需要の高い低価格部位の豚肉だけを50円/kgの関税を払って輸入することが増えるのではないかと思うのだが、農林水産省は「今の関税率はすべての豚肉で4・3%（22・53円/kg）。50円/kgと言えばその倍以上であり、今後ともコンビネーション輸入は続く。」と説明している。

説明を聞いている限り、TPP、日EU・EPA、日米貿易協定交渉に際してすべての関係者が「差額関税制度を残した」というお題目に強く拘っていた。それは「差額関税制度信仰」とでも呼べるものだった。農業関係者の皆様は、長年親しんできた差額関税制度が自分達にとってとても有益だという意識が強い。しかし、そうではないことはここまでの説明でも分かっていただけたのではないかと思う。決して差額関税制度は養豚農家の保護にはなっておらず、むしろ国産豚肉に有害な影響を与えている可能性すらある。これらの点については後述したい。

現場から見える差額関税制度の問題点

法的論点から見ると差額関税制度はほぼ崩壊している。ギリギリ徳俵に足が残っている論拠としては「国際的に誰も訴えてきていない」ことくらいしかない。しかし、国際法上訴えられていないから良いということではない。法的論点を離れて現場での問題点を指摘していきたい。

嘘・その6——本来、「コンビネーション」は組めない

高価格部位の豚肉と低価格部位の豚肉を組み合わせて、いつ何時でも輸入価格524円/kg付近で輸入し、課税額が最も少なくなる22・53円/kg（4・3％）の関税を課して輸入するというのがこれまでの常であった。

ここで考えてみたい。本当にそんなことが可能なのだろうか。海外の豚肉の市況は常に揺れ動いている。そして、為替も常に揺れ動いている。1ドルが75円の時代であろうと、120円の時代であろうと輸入価格がぴったりと524円/kg付近に揃うというのは常識的には

あり得ない。ましてや、円高の時には、高価格部位でも524円／kgを切ることすらあった。それでも輸入価格は524円／kgなのである。

「その時々で組み合わせを上手くやったのだろう。」と言う方がおられるかもしれないが、国内における輸入豚肉の部位毎の需要はそれなりに安定している。その需要構造が劇的に変化でもしない限り、そのように価格面だけに関して都合の良い組み合わせを作れるはずがない。

また、1頭の豚から高価格部位と低価格部位がそれぞれどの程度取れるのかも考えてほしい。高価格部位のロース、フィレに当たる部分は豚全体からすると非常に少量である。逆にハムやソーセージに使う低価格部位は量がたくさん取れる。524円／kgを基点として、低価格部位における（524－実際の価格）円分に相当する金額と高価格部位における（実際の価格－524）円分に相当する金額が同じになるように豚肉を集めないと綺麗に524円／kgに揃わないのである。しかし、各部位の生産量の違いは歴然としており、アメリカの養豚農家からどうかき集めてもコンビネーションを綺麗に組むことは不可能と言える。100歩譲って綺麗に組めたとしても、そのコンビネーションは国内需要とは掛け離れたものになる。

アメリカの食肉業者のホンネ

この件ではアメリカのミートパッカーと話をしてみると面白い。まず、彼らは常に「日本はとても重要な輸出先だ。」と言う。しかし、よく聞いてみると必ずその後に「in terms of value（価値の観点から）」とか「on a value basis（価値をベースにすると）」という言葉が付く。つまり、何かと言うと他国への輸出と比べて利幅が大きく「ムチャクチャ儲かるマーケットだ。」ということである。実際にアメリカからの日本への輸出額と利益を比較すると、対中国、対韓国への輸出に比べて利益率がべらぼうに高いことに気付く。

差額関税制度とコンビネーション輸入の仕組みを熟知する彼らは、日本が人為的なコンビネーション価格を作るために高価格部位の豚肉を求めていることを知っており、アメリカ国内で売るよりもかなり高い価格で日本向けの輸出業者に販売している。ここでボロ儲けするのである。もう少し深く聞くと、さすがに疚《やま》しいのか「日本の消費者は要求水準が厳しい。骨のかけらが入っているだけで突き返されるので、他の国への輸出に比べて手間がかかる。その分の費用を差額関税制度とコンビネーション輸入の枠組みの中で捻出しているのだ。」という説明もあった。

そして、「差額関税制度はおかしいと思わないか。」と話を進めた時に返って来たのが冒頭で紹介した発言である。アメリカのミートパッカーは皆、これがおかしな仕組みだと分かっている。しかし、ボロ儲けの既得権益を得ている。その利権を手放すことは当然したくないのである。

まとめると、アメリカの食肉業界は、差額関税制度によって儲かっているのみならず、アメリカ国内でダブつきがちな部位を（高価格で）引き取ってもらっている、というメリットを感じている。しかし、ここでよく考えてみたい。その儲けの原資となっているのは、すべて国民の負担である。しかも純粋に自由貿易の条件の下で取引をして儲かっているのではない。日本の差額関税制度の足元を見て、「どうせ高価格で日本に入れなくてはいけないんだろ。」ということで、アメリカ国内の価格を大きく超える高価格で輸出業者に販売している。

差額関税制度のグラフを見ると、普通は「３００円／kgの豚肉を輸入しても、必ず５４６・53円／kgまでの差額である２４６・53円／kgは関税として徴収される。であれば、この２４６・53円／kgをどう分け合うか。」というレントの取り合いが生じるように見える。しかし、コンビネーション輸入の仕組みの中ではここにはレントは生まれない。レントが生まれるのは、コンビネーション価格（５２４円／kg）を人為的に作る時である。コンビネーション価格を見越して高く売って来るアメリカのミートパッカーが得るボロ儲けの部分が典型的である。日本の制度によって、国民の財産が関税という形で日本国に徴収されるのであればまだ理解できるが、この仕組みでは外国の事業者を潤わせるという結果になっている。世界の諸制度の中で、税や規制の結果として莫大なレントが海外の事業者に出るケースは非常に珍しいのではないかと思う。というか、普通の国であれば、このような国富の流出を招くような仕組みはすぐに改正するはずである。

こういう背景もあり、最近は日本の商社がアメリカで食肉関係の現地法人（子会社）を設立して生産から輸出までを一手に行い、このレント分を現地法人のポケットに入れているという事例も出てきている。今の仕組みを前提とした上で合理的に判断すれば、そういう経営判断になるはずである。そして、それはすべて合法である。

嘘・その7――更に進む人為的な価格作り

アメリカの食肉業者から高値の豚肉を購入しても、どうしても524円／kgのコンビネーション価格に到達しないことはよくある。300円／kgを下回るような低価格部位の豚肉と釣り合いを取るためには、高価格部位の豚肉は750－800円／kgでなくてはならない。しかし、アメリカのミートパッカーから高値で買ったとしても、そのような高価格水準にならないことは多い。繰り返しになるが、円高の時は高価格部位でも軽く500円／kgを下回っていたのである。

そこで高価格部位の豚肉の「高価格」を人為的に作りだすことも必要となる。ともかく輸入の時点で税関を524円／kgで通過すればいいのである。それぞれの部位を本当は幾らで調達してコンビネーションを組んだのか、そして、輸入後に国内でバラして幾らで販売するのかについては、かなりのブラック・ボックスとなっている。勿論、税関はそれを知らないことになっている。

ここで若干のおさらいになるが、何故、そこまでして、国内の輸入者はコンビネーション輸入に拘るかという疑問を持たれた方は多いだろう。実は国内のエンドユーザーはアメリカ市場における各部位の価格を知り得る状況にある。それぞれの価格＋4・3％の関税で計算された金額がすべての取引のベースになる。少しでも安いハム、ソーセージ用の豚肉を調達しようとする国内のエンドユーザーが輸入業者に4・3％以上の税その他の負担を払うことはあり得ない。となると、低価格部位の豚肉であろうとも4・3％で輸入できるポイントを探すしかない。それが分岐点価格の524円／kgなのである。

エンドユーザーがそういう価格でしか買ってくれない以上は、輸入業者は何が何でも4・3％の関税を実現しなくてはならない。仕方なく、価格を捏造してでも、高価格部位、低価格部位を一括で524円／kgのポイントで輸入するという体裁を整えざるを得ないのである。輸入価格が524円／kgという人為的なものである以上、その価格を作るためのベースとなる各部位の豚肉の価格も人為的なものとならざるを得ない。

嘘・その8――輸入時の欺瞞

高い豚肉をあえて買い、それでも足らざるところで価格の捏造までして作り上げたコンビネーション輸入であるが、輸入する時は徹頭徹尾「一本」の貨物として輸入されなくてはならない。

本来、豚肉は部位によって全く異なる商品となる。しかし、それが「豚肉」という一つの貨物として輸入されて来るのを日本政府は認めている。こういうことは他の食肉ではあり得ない。牛肉であればロイン、かた・うで・もも、ばらといった形で部位によって分けられて輸入されている。分けておかないと、輸入価格を如何様にも操作できることになり脱税の温床になるのである。逆の視点から見ると、コンビネーション輸入は脱税の見逃しをしていると言い換えることも出来る。

なお、一本の貨物として豚肉を輸入している商社の輸入担当者は、部位別価格は知らないことになっている。建前上は「豚肉」として一本で輸入している以上、そこが部位毎に別の価格が付いて区分されていては理屈が合わないのみならず、部位別に価格があるのであれば、それぞれの部位で差額関税を徴収するのが法の求める所だからである。仮に税関の事後調査で、商社が部位別の輸入価格を知っていることが判明したら、過去の取引に至るまですべての豚肉輸入に関して、部位毎の個別申告をするように税関から厳しく指導される。これは巨額の輸入関税追徴を意味しており、巨大なリスクとなる。

差額関税の逋脱《ほだつ》を税関から指摘される場合、一般的には、部位別価格が分かる何らかの資料が輸入商社で見つかるケースが多い。したがって、海外との価格交渉などはすべて電話で行うなど、後で証拠になるような書類、記録は一切残さないことになっている。

一方で、政府答弁で「高価格の部位の豚肉と低価格の部位の豚肉とを組み合わせ、これらの豚肉を一括して1キログラム当たりの課税価格を算出して輸入する。」とはっきり言っているのであり、高価格部位と低価格部位が組み合わせられていると政府が言っている以上、そのベースとなる書類等もあるのは当然である。しかし、現場での運用においては、間違っても部位毎の価格表や契約書などあってはならない。そのような価格表があるだけで、法令違反を認定されてしまう。その結果、膨大な課税が待っているということになる。

豚肉輸入の具体的なケース

少し具体的に理解してもらうために、実際にコンビネーション輸入の例を提示してみたい。低価格部位（ウデ）を250円／kgで10トン、高価格部位（フィレ）を800円／kgで10トン、計20トン輸入するとしよう。これをコンビネーション輸入すると、20トンで525円（800＋250／2）の豚肉を輸入するということになる。524円／kgの輸入価格が最も安いポイントだというのを再度想起願いたい。この場合、ざっくりと言って、20000キロ×525円／kg×4・3％で45万円くらいの関税を払えば足りる。

しかし、ここで低価格部位と高価格部位が別々であることの証拠書類が見つかって、税関から「別々で申告しなさい」と指導が入ったとしよう。低価格帯には差額関税がフルマックスで乗り、高価格帯には4・3％の課税となる。

低価格帯：10000キロ×（546・53円／kg－250円／kg）≒300万円
高価格帯：10000キロ×800円／kg×4・3％≒34万円

概ね334万円程度の関税を支払わなくてはならない。コンビネーション輸入であれば

45万円、コンビネーション輸入を否定されたら334万円の関税となる。20トンの貨物で計算しても、この差である。

輸入時のコメディと輸入後の部位別流通

高価格部位と低価格部位が別々に計算されている帳簿、契約書、メモ等があることがどれだけリスクが高いかは理解してもらえたと思う。コンビネーション輸入をする際にとても重要なのは、「価格形成のブラック・ボックス」と「知らぬふり」だろう、と思う。どうやって524円／kgを実現したのかは不透明であればあるほど業者にとってはいい。そして、価格形成の裏について何か聞かれた時にも知らぬ存ぜぬを貫けるようでなければならない。

しかも、このコンビネーション輸入は法的な位置付けが極めて曖昧な状態でスタートしている。政府は、契約上の単価が一本になっているのであれば、課税申告の単価が一本になっていても「いたし方ない」という言い方をしている。つまり、契約する時に中身がどうであろうと、税関申告時点で「これは豚肉です。それ以上でもそれ以下でもありません。」と言い張れば、それに税関や農林水産省は反論しませんということである。現在は関税法の条文を引きながらそれなりに制度を正当化する法的理屈が付けているが、「いたし方ない」からスタートした発想自体は基本的に変わらない。

ここに壮大な欺瞞とコメディがある。やらせ芝居と言ってもいい。輸出する側、輸入する側、税関職員すべての関係者が、目の前に貨物が異なる豚肉の部位からなっており、その部位毎の価格は明確に異なり、輸入後はバラして部位毎に流通することが分かっている。しかし、税関でそれを言ってしまったら終わりなのである。課税額が膨大なものになってしまう。なので、すべての関係者が「カラクリ」を知りつつ、「これは524円／kgの豚肉です。それ以上でも、それ以下でもありません。」と言い張る光景が日々の税関では繰り広げられている。どう考えても壮大なコメディとしか言いようがない。

脱税事案

そして、よく豚肉の差額関税制度は脱税が多いとされ、私も国会で何度か追及したことがある。その脱税額というのは、巨額になることが多いことは前述のモデルの通りである。脱税事案を突き詰めると、豚肉を4・3％の関税で輸入しようとしたら失敗してしまったケースばかりである。そして、結果として課せられた差額関税から4・3％課税分を引いた部分が脱税額として認定されている。しかし、コンビネーション輸入において4・3％以外の税率で輸入している事業者など殆ど居ないのである。なのに、4・3％で輸入する仕掛けで失敗してしまうと脱税で刑事事件になる。すべての輸入業者が同じ4・3％で輸入しているにもかかわらず、合法であるケースと脱税となるケースが出るのがこの仕組みである。この仕組みの本質は「コンビネーション輸入する際のデータがバレないように隠して、税関で芝居を打って、上手くやるかどうか」だけだと言えるのではないだろうか。

また、脱税した商社が何をやったかと言うと、報道によれば「輸入申告に際し実際の取引価格より高い価格で申告」したということである。つまり、分岐点価格524円／kgの価格作りをしていたら税関にバレたのである。普通の関税であれば、申告価格を低くして関税額を抑えようとする行為が違法になるのだが、豚肉輸入においては申告価格を高く設定しようとして税関から睨まれるのである。この一点をもってしても、差額関税制度が極めて特殊でおかしな仕組みであることが分かる。

最近、農林水産省の畜産部は、取締りを厳しくしたせいで差額関税違反の事案が減ったと述べている。恐らくはカラクリをすべて知った上ですっとぼけたコメントをしているのだと思う。真実としては、単に海外から輸出する段階で、コンビネーション価格を作るための様々な操作が終わるようにすべての関係者が調整しただけである。国内で脱税を認定されないような、様々な操作をすべて海外で終えるだけの知見が身に付いたのである。言い方を変えると、コンビネーション価格を作る際に出るレントを輸出前の段階でしっかりと確定させ、国内にはその複雑さのかけらも持ち込まないようにしているだけである。

国内養豚農家保護、低価格部位の調達の必要性、各種国際条約（WTO農業協定、TPP、日EU・EPA、日米貿易協定）の縛りの三つの要請の間で、農林水産省が過去を書き換えてまでも必死に体裁を維持しようともがいているのは理解する。そして、私は決して脱税行為を正当化する意図はない。ただ、そもそも組むことが難しいコンビネーションからスタートして、他国の業者にボロ儲けさせながら無理に無理を重ねてフィクションとしてのコンビネーションを作り上げ、そして、税関ではト書きのあるコメディを皆でやりながら豚肉を国内に入れる、そういう仕組みのおかしさをあえて指摘したかったのみである。

エンドユーザーは直接輸入できない

ここまで「輸出業者が何とか524円／kgになるようにコンビを組んで輸出し、輸入業者は4・3％の関税を払って輸入して、国内ではそれを高価格部位、低価格部位にバラして販売する。」と書いてきた。これは正しいのだが、あえて簡潔化のために省いた部分がある。この差額関税制度とコンビネーション輸入によるプロセスでは、幾つかのポイントにエージェント的な役割の人を挟まなくてはならないのである。

日本の仕組みに合うようにするために、輸出する際はコンビネーションを組まなくてはならないが、基本的にドル建てで取引しているアメリカのミートパッカーは円建てで524円／kgのコンビネーションを組むことに対応できない。市況や為替レート等を見ながら、524円／kgのコンビネーションを作るためのトレーダーが必要になるのである。そして、輸入した後、輸入業者がすぐに高価格部位、低価格部位をバラして販売していると、別々に申告するよう指導が入る（その場合、高価格部位は4・3％、低価格部位はフルマックスの差額関税を払わなくてはならず大幅負担増である。）。したがって、輸入業者は546・53円／kgの状態で一旦売却しなくてはならない。必要な部位毎にバラされるのは、国内で売却された後の業者によってである。ト書きのある芝居を打つためには、間にたくさんの人が入ることが求められているのである。それらはすべてコスト増要因である。

この結果、国内のエンドユーザーにとってはこの仕組みは評判が悪い。単一商品の豚肉実需者が必要な物を購入しようとしても、不必要な部位を輸入せざるを得ない。結局、直接輸入できない。例えば、ラーメン店、中小のハム・ソーセージメーカー、肉まんや餃子のメーカーがそれに当たるだろう。輸入豚肉を扱う中小企業の方と話をすると「この仕組み（差額関税制度とコンビネーション輸入）は大企業のためのものですよ。我々は大手食肉メーカーがコンビネーションで輸入したものを買わなきゃいけない構図になるんですから。」と内心を吐露していた。冒頭、差額関税制度導入時、政府は「せきとめ価格」と説明していたことを書いたが、当初からそのような意図は毛頭なく、むしろ、大手メーカーによる業界支配のためのツールとして考案されたという見方すらある。

その他にも、大手の流通系の企業からも問題視する声が強く、誰もが知るある大企業から規制改革の枠組みで「差額関税制度を抜本的に見直すべき」との声が上がっていた。理由としては「必要な部位を必要な量だけ輸入することが難しく、商品の開発・販売に制約が生じている。」ということである。直接輸入したとする場合、コンビネーションで不要なものを引き取らされるのがコスト増だというのが主たる理由であろう。日本の数多くの食品産業に過度の金銭的負担、事務負担の増を強いていることになるので、すぐにでも取り組むべきだと思うが、この規制改革案は法令改正を伴うため却下されていた。

誰もが知る大企業であっても直接輸入に難を抱えてしまう中、中小企業に至っては直接輸入などまず無理である。結局、大多数のエンドユーザーは常にコンビネーションを強要されてしまうため、必要な部位を必要なだけ、直接ミートパッカーから輸入することが全く出来ない。しかしながら、美味しいハム、美味しいソーセージを作るために自分の必要な分だけ必要な豚肉の部位を直接輸入したいと思っている方は日本にもたくさん居られると思う。差額関税制度、そして、コンビネーション輸入の結果として、そういう道が完全に閉ざされているということは知ってほしい。

嘘・その9――守られていない国内生産者

養豚農家の方々は「差額関税で自分達は守られている。」と思っているだろう。そして、TPP交渉等で「差額関税制度の堅持」を訴えてきた。546・53円／kg以下では輸入されてこないと思っていれば、当然そういう結論になると思う。

しかし、政府はもうそういう説明はしていない。コンビネーション輸入であれば、低価格部位が一定量は輸入されるが、高価格部位の需要を超えてコンビネーションを組んで輸入すると高い部位の在庫リスクが生じるため、結果として安い部位の輸入を抑制する効果があるという説明である。一見正しそうだが、これは論理が全く間違っている。ハム、ソーセージ用の低価格部位は国産豚肉とは殆ど競っていない。ハム、ソーセージ用の低価格部位は基本的には輸入なのである。そして、この部位は日本全体の消費量からして必要な量がかなり安定している。その分量だけは、どのような関税制度であろうが輸入しなくてはならないのである。高価格部位の在庫リスクがあるから、低価格部位の輸入を控えるというふうにはならないのである。

とすると、低価格部位の輸入に見合った高価格部位の輸入は必ず生じるのである。そして、その高価格部位が国産と競うわけである。であれば、国産養豚農家は必要以上に競争に晒されると見るのが正しいだろう。かつては輸入した高価格部位が過剰となったことによって投げ売られたことがあった。結果として、国産養豚農家の競争条件は悪化した。近年ではこの高価格部位の所に欧州のブランド豚肉が入ってくるようになっており、更に国産養豚農家にとっては厳しいことになっている。

ましてや、コンビネーションで輸入した後、総じて低価格部位を少し高値で国内市場に回し、その分で高価格部位の値段を下げるといった調整が図られることが多いと聞いている。この部分も、高価格部位と競合する国産養豚農家からすると、更に競争条件が厳しくなることを意味する。

「差額関税制度によって自分達は守られている」はずがないのである。むしろ、差額関税制度とコンビネーション輸入がセットになることによって、国産養豚農家はむしろ不必要な競争に晒されるのである。

消費者への不利益

これは制度を追って説明しようとすると、少し証明するのが難しいし分かりにくいのであまり詳細には入らない。

ただ、ここまで述べて来たことの延長上で感覚的にはすぐに分かる。何故なら、この差額関税制度でボロ儲けしている人がいるのである。それはコンビネーション輸入をする際に輸入価格524円／kgを人為的に作る際である。ここにレントが生じて、アメリカのミートパッカーや日本の商社の現地法人が大儲けをしているという話は既にした。輸出国内で流通する価格より高目に日本へのトレーダーに売っても、その上乗せ分はすべてコンビネーション輸入の価格形成の中で吸収されてしまうのである。そして、当事者達は全く損をしない。では、そのレントは誰の負担であろうか。誰かがおカネを払って、そのおカネの中から儲けとしているわけだから、当然、大儲けしている人が居ることを裏返すと、負担をしているのは輸入豚肉を食べる消費者以外には居ない。

この仕組みの下では、合法的にボロ儲けする人達がどこかに必ず居る。その儲けは当然消費者負担である。単純な話であろう。

もう一つ付け加えると、コンビネーション輸入の下では、コンビネーションの組み合わせを作るための輸出者の存在が必要であり、また、輸入の際も輸入業者自身が部位毎にバラせないという制約があることは述べた。つまり、普通の輸入であれば輸出業者と輸入業者が直接やり取りすることが可能だが、豚肉については間にエージェント的に入る業者が、少なくとも輸出側に1社、輸入側に1社必要になる。これは当然コスト要因として跳ね返ってくる。

TPP交渉とその実施の内容

嘘・その10――輸出入業者の足元を見た譲歩

ここで改めて、「何故、TPP交渉で日本は50円/kgまで譲ったのか? 譲れたのか?」ということを自分なりに考えてみた。実はTPPや日EU・EPA直後の通関統計等を見ていると、主要輸出国からの輸入は引き続きコンビネーションで行われているものが多い。発効直後は差額関税部分がまだ125円/kgなので、低価格部位の部分だけをその関税を支払って輸入するくらいならコンビネーションで輸入した方がいいと判断したのだろう。

しかし、よく見てみると別の考慮があるように思う。仮に低価格部位単独で輸入してしまうと、その低価格部位のリアルな輸入価格が明らかになってしまう。低価格部位の輸入価格が明らかになると、コンビネーション輸入の性質上、高価格部位のコンビネーション輸入上の価格も明らかになる。しかし、その計算で得られた価格よりも、当該高価格帯部位の豚肉が国内で実際に流通する時の価格の方が低く辻褄が合わないことがあるだろう。また、計算上得られた高価格部位の価格と同部位のアメリカ国内での流通価格が大きく乖離していることも分かってしまう。つまり、コンビネーション全体が人為的に作られた価格からなっており、現実とは相当な乖離があることがかなり明らかになってしまうのである。現時点では、これは輸入業者からすると「ブラック・ボックス」の部分がすべて公開されてしまうことになり都合が悪いので、125円／kg段階での低価格部位単独での輸入を避けているのではないかと私は見ている。

交渉時点で、農林水産省は「輸出入業者は申告段階で、コンビネーション輸入での524円／kgを作り出すためかなり価格を捏造している。TPPにより低価格部位単体で輸入すると、ドミノ倒しの原理で、すべての人為的な価格作りの姿が白昼の下に晒されるようになる。それがバレるのは嫌だろうから、コンビネーション輸入は引き続き残る。」と読んでいたのではないかと思う。この考慮があれば、少なくとも発効直後の125円／kgは容易に譲歩可能だったであろう。

いずれにせよ、この推察通りであれば、違法申告、違法なコンビネーション上の価格作りを大前提とした上で、農水省が輸入企業の足元を見たということになる。

嘘・その11――10年後には低価格部位だけで輸入されてくる

ただし、10年後にはこの税率は50円／kgまで下がる。そして、524円／kgの分岐点価格以上の豚肉は関税がゼロになる。農林水産省は「10年後、コンビネーション輸入で524円／kgで輸入するのであれば税金はゼロ。50円／kgまで関税を削減してもコンビネーション輸入は続く。」と説明している。つまり、コンビネーション輸入で関税ゼロと低価格部位の単独輸入で50円／kgの関税とを比較するなら、多くの業者は前者を取るだろうということである。

尤もらしく聞こえるが、完全に間違っている。まず、消費税のことを勘案していない。低価格部位を単独で輸入する際、消費税額も当然下がっていく。例えば、TPP11、日EU・EPA、日米貿易協定発効から10年後、豚肉を300円／kgで豚肉を直接輸入するとしよう。関税は50円／kgで350円／kgで輸入することとなる。それに10％の消費税が付いて385円／kgとなる。諸税をすべて足すと85円／kgの課税である。一方、コンビネーションで輸入する場合は、524円で無税。ただし、消費税が52・4円／kg掛かる。両者の差は50円／kgではなく、32・6円／kg（85－52・4）でしかない。

更には、ここまで説明してきたように、コンビネーション輸入をすると、輸出時点で最低1社（価格作りのため）、輸入時点で最低1社（輸入業者が直接バラして販売できないため）のエージェントを噛ませる必要がある。直接輸入には無いそのコストが勘案されていない。また、コンビネーション輸入により高価格部位の在庫を抱えるコストがある。更には、コンビネーション輸入をしくじった際の追徴課税や特例輸入者剝奪のリスクもある。それらのコストやリスクを考えると、50円／kgまで関税削減した際にコンビネーション輸入を継続する理由はもう無いと思われる。高価格部位は関税ゼロ、低価格部位は差額関税で、必要なものを必要なだけ購入するようになるだろう。周到な農林水産省がこの理屈を分かっていないとは思わない。単に「その時にはもう大騒ぎにはならないし、政権も代わっている。」と思って、その場しのぎの話をしているのだろう。

ここでは10年後に50円／kgとなる姿だけを語ったが、5年後には125円／kgが70円／kgになる。70円／kgくらいになって来ると、低価格部位単独での輸入がどんどん増えて来るのではないかと思う。いずれどこかで堰を切った様に、コンビネーション輸入を放棄して低価格部位単独の輸入が主になるだろう。

嘘・その12――アメリカ産シェアの低下は「競争力が高過ぎる」ため

近年、日本市場におけるアメリカ産豚肉のシェアが下がってきている。これをＴＰＰやＥＵとのＦＴＡ／ＥＰＡによって、豚肉の関税が下がったからだという論調が非常に多い。

しかし、論理的に考えてみたい。ＴＰＰや日ＥＵ・ＦＰＡによっても、分岐点価格（５２４円／kg）は変わっていない、課税後の基準輸入価格については４・３％課税の５４６・53円／kgから、発効初年度は半分の２・２％課税の５３５・53円／kgに下がっただけである。そして、農林水産省は、コンビネーション輸入は引き続き継続すると言っており、実際、現時点ではまだ、大半の輸入でコンビネーション輸入は継続されている。

もう一度整理すると、まず、差額関税の部分が１２５円／kgになっても、現時点では大半の輸入でコンビネーション輸入の実行は変わっていない。そして、分岐点価格での輸入については、22・53円／kg（４・３％）から初年度は11・53円／kg（２・２％）にわずかな削減があり、現在は１・９％にまで下がっている。２・２％の削減は既にメキシコとのＥＰＡ（平成17年発効）でも行われた水準である。そして、メキシコとのＥＰＡが成立した後も日本の豚肉輸入には大した影響が出なかった。

ということは、米国産とＴＰＰ11におけるカナダ産、メキシコ産、日ＥＵ・ＥＰＡにおけるデンマーク産、スペイン産との輸入条件は、大した変化が無いはずである。これで変化があるとするのならば、メキシコとのEPAによってもっと日本はメキシコ産の豚肉が増えていたはずである。したがって、アメリカ産の豚肉のシェアが下がっている原因を、TPP11や日EU・EPAに求めることは難しかった。

実はこれらのFTA／EPAにかかわらず、ここ数年、アメリカ産豚肉のシェアは下がり気味であった。これには全く別の理由がある。それは何かというと「アメリカ産豚肉の競争力が高過ぎる」からである。非常に逆説的に聞こえるだろうが、競争力が高過ぎることが、日本の輸入業者から避けられる原因になっている。もう一度整理すると、日本は差額関税制度においてコンビネーション輸入を行っている。つまり、高価格部位と低価格部位を合わせて、基準輸入価格を524円／kgになるようにして、払う関税を最小限にするようにしている。実はアメリカの豚肉は競争力が高過ぎて、コンビネーションがとても組みにくくなっている。どう組み合わせても、相当な無理をしないと524円／kgのコンビネーションにならないのである。そこでは違法スレスレか、場合によっては違法性のある無理をしていることもあるだろうと思う。

近年、国内において、豚肉の差額関税制度における脱税の取り締まりが厳しくなっており、そんな中、そこまでのリスクを取るくらいなら、もう少し競争力が低くて（値段が高くて）コンビネーションが組みやすい他国の豚肉に移行しているということが、アメリカ産シェアの減少に繋がっていると思われる。イベリコ・ポークやデーニッシュ・ポークはたしかに美味しいが、日本市場において選ばれるのは「少しお値段が高くて、コンビネーションが組みやすく差額関税制度に収まりがいいから」ということも一因であろう。

更に付け加えると、アメリカの豚肉市場は巨大であり、情報公開がしっかりしている。そのため、各部位の価格が毎日公表されている。逆に欧州の豚肉市場は価格情報がそれ程公開されていない。なので、ＥＵ諸国からの輸入においてはコンビネーション輸入の価格づくりをしやすいという事情もあるように思える。つまり、税関での申告価格を如何様にも操作しやすいのがＥＵ諸国であり、情報公開が進んでいることから相対的に難しいのがアメリカなのである。言い換えれば、ブラック・ボックスが無い状態でのコンビネーション輸入はとてもリスクが高いのである。

結論としては、「差額関税制度の下では、競争力が高過ぎる豚肉はコンビネーションが組みにくいため避けられる。」ということである。ここまで来ると、「風が吹けば桶屋が儲かる」状態にかなり近くなっているが、それが日本の豚肉輸入の現状なのである。

10年以内に有名無実化する機能

止めるべき有害な制度

もうこのような不透明な差額関税制度は止めるべきである。というか、日本の養豚関係者は誤った差額関税信仰を止めるべきである。

法的に崩壊している、実現不可能な仕組みである、輸入する際に税関でウソをつかなくてはならない、生産者を殆ど守っていない、消費者は誰かをボロ儲けさせるために負担増に甘んじている、そして、TPPや日EU・EPA妥結後もそういう異常な状態がバレた時の不利益を振りかざしながら脅して制度を維持しようとする、これだけ論拠が揃えば、もう制度を維持する理由がどこにも無い。むしろ有害である。

コンビネーション輸入に至っては、日本の国内法上の根拠が弱く非関税障壁の最たるものである。法令のどこにもこれを明示的に許容するものはない。単に関税表での分類が雑になっていて、その中で高価格部位と低価格部位を組み合わせて輸入することが「いたしかたな」く黙認されているだけである。農林水産省は「コンビネーション輸入が最も有利な輸入方法」と言っているが、それは膨大なレントを生じさせた上で作り上げられた人工的な価格を前提にすればそうなるというだけであって、本来的には全く有利な輸入方法ではない。

しかし、「差額関税を残した」という政府の説明を皆、鵜呑みにしている。TPP11、日EU・EPA、そして日米貿易協定によって、10年後に50円／kgとなるまでの間のどこかで、農林水産省の説明とは異なり、ほぼ確実に差額関税制度とコンビネーション輸入の機能は有名無実なものとなり、その機能を失い、農業関係者の思いは間違いなく裏切られるのである。今の日本国内を見ているとかなり多くの農業関係者の方が差額関税信仰を持っている。それが近い将来、裏切られるのが分かるだけに、純粋な気持ちで頑張っておられる農業関係者に申し訳ない気持ちになる。

第7章

リセットボタン

アメリカとの二国間交渉

ＴＰＰ12そのものが完全にデッドロックになった後、日ＥＵ・ＥＰＡ交渉が加速度を付けて動き始めた。世界的な保護主義への機運が高まりかねない中、「あっちがダメならこっち」という視点で貿易交渉を多面的に見てこういう動きをすることはとても適切である。ＦＴＡ／ＥＰＡは「あなただけ優遇」のツールなので、優遇されなかった方は劣位に置かれる。「こっち」が進めば「あっち」は困るのであるから、その力学をフルに活用しようとする姿勢は正しい。

昔から「自由貿易というのは自転車のようなもので、漕ぎ続けないとすぐに倒れる。」と言われてきた。その教訓を受け、着実に歩みを進めていることは高い見識に裏付けられていると言える。

日本がまとめたＴＰＰ11

通商交渉を主導する立場の経験

ＴＰＰ12が成立しない中、日本が残りの11ヶ国での交渉を主導したことも評価できる。日本がリーダーとなって、この種の複数国間ＦＴＡ／ＥＰＡを進めるのはこれが初めてであった。

ＴＰＰ11の交渉は、基本的には「アメリカに押し込まれたもの」を外す作業が主だったと思う。アメリカ市場への自国製品のアクセスを提供してもらえるという条件で受けた様々な負担（特に知的財産権分野が多かった）については凍結してほしいという要望が出るのは当然であった。しかし、ここで凍結項目を増やしてしまうとパンドラの箱が開き、とめどなく協定全体の目線が低いものになっていくので、担当の茂木大臣はこれを相当に絞り込むために苦労したようである。最終的には改正事項を22項目にまで抑え込んでいる。目立たないポイントだが、非常に高く評価すべきものである。

また、日本はＴＰＰ12で約束した農産物へのアクセス数量枠や（輸入数量が急増した際の）セーフガード発動基準については削減を求めなかった。本来、ＴＰＰ12がアメリカを含めて発効しているのを前提に提供したアクセス数量なので、アメリカが外れると極めて過大なものとなる。セーフガード発動基準とて、元々ＴＰＰ12の時点で発動可能性は殆ど無いのに、アメリカが外れるのであれば発動される可能性は事実上無くなる。本当であれば、先頭を切って日本がアクセス数量やセーフガード発動基準の削減を口にしたかっただろう。しかし、ここで日本がそれらの凍結、削減を主張し始めると恐らく交渉の全体像が維持できなかっただろう。主導役の日本が積極的にエゴを貫き始めると、すべての国がエゴを貫き、最終的には交渉がまとまらなくなるため、辛くても我慢するというのは、日本にとって良い経験になったのではないだろうか。こういう経験と実績が日本の国際社会での「格」を上げていくのだと思う。

厄介なカナダ

ＴＰＰ11交渉の最後の局面で、同時並行的に進んでいたＮＡＦＴＡ（北米自由貿易協定）の見直し（ＵＳＭＣＡ）との関係で、カナダがＴＰＰ11の自動車原産地規則に不満を述べて拗れたようである。

まず、ＴＰＰにアメリカが入っているのであれば、アメリカとの関係でもＴＰＰ原産地規則が適用できるため、アメリカを含むＴＰＰ域内でスムーズなサプライ・チェーンが築けるのでカナダにとっては何の問題もない。しかし、アメリカがＴＰＰに入らないのであれば、自動車貿易においてカナダはむしろ不利益を被る可能性が高くなっていた。というのも、ＵＳＭＣＡの原産地規則は、ＴＰＰ11の原産地規則よりも厳しくなることが想定されていた（つまり、北米での部品調達率を上げないと、カナダ産自動車をアメリカに無税で輸出できなくなるということ）。そうすると、日本は、相対的に緩いＴＰＰ原産地規則の下、ＴＰＰ11参加国からの部品調達が相対的に少なくとも無税でカナダに輸出出来る。一方、カナダの自動車産業がアメリカに輸出する際にはＵＳＭＣＡの原産地規則になるので、ＴＰＰ11参加国から部品調達をしても原産地として組み入れることが出来ず、対アメリカ輸出のハードルとなる。

カナダからすれば、TPP11の原産地規則もUSMCA並みに上げてもらわないと、自国が不利になるとの懸念を持っていた。また、アメリカから輸入した部品で作った自動車をTPP11諸国に輸出しようとしても、アメリカの部品がTPP11原産地規則の計算に組み入れられないという不利益もある。

TPPにアメリカが入っているのであれば、アメリカとの関係でもTPP原産地規則が適用できるためスムーズなサプライ・チェーンが築けるが、アメリカが入らないのであれば、自動車貿易においてカナダはむしろ不利益を被る可能性が高い。簡単に言うと、このようにTPP11とUSMCAの原産地規則のずれがあることで、大市場であるアメリカと面するカナダやメキシコは基本的には不利になるのである。これはメキシコに進出している日本企業にとってもかなり厄介であろう。

しかし、日本は国内の自動車産業を見ながらギリギリ合意したTPPの原産地規則をこれ以上厳しくすることは不可能であった。この原産地規則をめぐるゲームは、日本企業の海外進出と世界の自由貿易網の中でどう泳ぐかということであり、これからも非常に重要な意味合いを持ち続けるはずである。自動車貿易というと、ともすれば関税削減の話ばかりに目が向くが、私の眼には原産地規則の方が遥かに重要だと映っている。

また、カナダは交渉最終盤で「文化例外」の拡充を主張した。貿易交渉における「文化例外」とは、文化関係における投資等の貿易ルールからの除外を意味するが、通商の世界でこれを主張するのはフランス語圏だと相場が決まっている。本家本元のフランスでは、例えば、ラジオで流す曲の40%はフランス語でなくてはならない。英語圏のコンテンツがとめどなく流入してくるのを止めないとフランス語文化がダメになるとの問題意識である。カナダは二言語国家であり、フランス語圏は東部に位置するケベック州である。同州は常に分離独立問題を抱えていることからカナダ政府としてはケベック州が主張する文化例外拡充は無視できない。

その他にも、競争力が低いケベック州の乳製品（酪農）を守ることについてもカナダの主張が強かった。ケベックでは小規模な家族経営体による酪農が数多く残り、結果として一戸当たりの乳用牛飼養頭数が少ないため競争力が低い。厳格な供給管理制度が設けられており、この制度は全面自由化しないことが前提になっている。したがって、カナダは市場開放要求には、関税引下げでなく、枠の拡大で応じるのが常である。同時並行的に行われていたUSMCA見直しでアメリカから追加的な乳製品市場開放（枠の拡大）を求められることが確実の中、TPP12で約束したアクセス数量を見直したいという思いはあっただろう。カナダと言えば国土の広い大農業国であり、農産品であればどんな品目でも競争力があり、攻め一本やりだと思っている方は多いが、実は「基本的に攻めだが、ちょっとだけ例外を求めなくてはならない。」のである。

カナダの通商政策を見ていると気付かされるのが、「ケベックの存在」の大きさである。大体、カナダが貿易交渉で難を抱える案件は前記の文化、乳製品のようにケベックが関わっていることが多い。ただ、二言語国家であるカナダを全体として見ていると少しずつ英語圏とフランス語圏との乖離が進んでいるように見える。国政レベルですら英語圏出身の保守系政治家はフランス語が壊滅的なまでに話せない。英語圏のカナダ人と本音で話すと、ケベックの主張を鬱陶しいと思っている人は多い。ともすれば、国民感情として遠心力が働きがちだからこそカナダの政治家は様々なケベックが絡むテーマには慎重に対応せざるを得ない。

だからといって、そういうカナダの事情をすべて聞いていたら、TPP11は完全にパンドラの箱が開いて収拾が付かなくなる。日本を含め、出来るだけTPP12からの変更を減らして妥結しようという時にカナダの事情ばかりを聞いていられない。茂木大臣は非常に苦労しながらも、カナダの主張をある程度抑え込むことに成功した。繰り返しになるが、こういう時に日本が農産品のアクセス数量やセーフガード発動基準が過剰な状態で残ることを受け入れたことが効果を示したのではないかと思う。日本としてもやせ我慢せざるを得ない局面だったと思うが、日本がエゴばかり言っていたらカナダを止めることは出来なかっただろう。

ＴＰＰ11とＴＰＰ12

内容的には、若干の凍結条項が入ったのみであり、全体としては大きな変化はない。しかし、その影響は各方面に出てくる。

変わったこと、変わらなかったこと

まず、日本が農林水産品で設定した輸入枠の数量の問題である。前述のように日本はここで積極的に削減を求めず、再協議の対象とした。これは将来、アメリカがＴＰＰに入って来ないことが確定したら再協議という趣旨で維持されたものである。ただ、日米貿易交渉がまとまった後に簡単に減らせるというわけではない。通常の貿易協定では、合意したものから自由化の水準が下がる時は何か代償を出せというのがルールである。今回はアメリカが脱退し、日本がアメリカと二国間協定を締結したという特殊事情がある。だからと言って、ＴＰＰ11諸国と再協議してアクセス数量を減らすのは至難の業である。そもそも、ＴＰＰ全体に対して提供したアクセス数量を、この分はアメリカ用、この分はオーストラリア用などと綺麗に切り分けることなどほぼ無理なのである。日米で合意した数量分だけ、ＴＰＰ11の枠から削減しろと

いう要求は、TPP11諸国側からすると本質的には与り知らない話なのである。

しかし、そうは言っても、今後、TPP11枠の削減をTPP11諸国と再交渉していく必要は当然ある。前記の通り、TPP11諸国からすると、一方的に突っぱねることも出来るものであり、本当に辛い作業になると思う。ここは今後、日本の喉に刺さった棘となるだろうが、TPP11を率いていくためにはある程度はやむを得なかったと思わざるを得ない。

逆の視点で見ると、アメリカは日本市場で徐々に厳しい立場に置かれることは明らかだった。コメは国家貿易でガチガチなのでアメリカの損は無いが、特に小麦や畜産（牛肉）でどんどん劣位に置かれていく（逆に前述の通り、豚肉は関税削減が競争条件の差を作り出していない）。小麦はマークアップが下がっていくオーストラリア産との競争条件が悪くなっていくし、牛肉も関税が下がっていくカナダ、オーストラリア、ニュージーランド産との競争条件は悪くなっていく。

ただ、小麦については生産国によって日本国内での用途がかなり異なることから、安くなったからオーストラリア産輸入を増やせばいいというものではない。強力粉、中力粉、薄力粉は一緒には出来ないというのは分かっていただけると思う。牛肉も同様で、グラス・フェッド（牧草）が主のオーストラリア産とグレイン・フェッド（穀物）が主のアメリカ産では肉質、用途が全く異なるため、簡単には代替が効かない。なので、TPP11発効後、アメリカ産の輸入は確かに減っていたが壊滅的な打撃を受けていたというわけでもない。既に関税だけで12～3％の差がアメリカ産とTPP11加盟国との間で生じているにもかかわらず、である。関税はとても重要な要素だが、金額面での競争条件を机上だけで捏ね繰り回して答えが出るようなものではない。

また、乳製品についても同様である。アメリカ産までをも想定したアクセス枠を設定している。バター等は前記の小麦、牛肉程は品質の差が大きくないため、オーストラリア、ニュージーランド産が枠をかなり埋めてしまう可能性が高いと見込まれていた。

NAFTA見直し（USMCA）

TPP離脱と並んで、貿易分野におけるトランプ大統領の目玉として、NAFTA見直し（USMCA）が行われた。これはその後に控えていた日本の貿易交渉にとっても示唆的な部分があった。

無理のある原産地規則

まず、自動車については原産地規則が大きな問題となった。最終的には付加価値の75％が北米生産であること、主要7部品が北米原産であること、かつ40％以上は時給16ドル以上の労働者で作られていることがアメリカに無税で輸出できる条件であるという奇妙な結論に至った。更には完成車メーカーが購入する鉄鋼・アルミの域内調達率を70％とすることまで規定されている。現在の付加価値基準が62・5％なので、USMCAの基準を満たしてメキシコやカナダからアメリカに輸出しようとするなら北米での生産分を増やす必要がある。

これらの規定は非常に厳しいため、日本企業がメキシコで生産する自動車の対米輸出に影響が出る可能性が高い。しかも、非常に複雑かつ執行の検証が困難な規定になっており、監視のための行政コストが高くなるだろう。また、日本からカナダやメキシコに輸出している自動車部品は、USMCA原産地規則の下では使いにくくなるため、輸出は減少すると思われる。このUSMCAの成立は日本の自動車企業のサプライ・チェーンの構成に影響を及ぼすものであり、今後、日米でどんな貿易協定を作ろうとも動かせない部分なので、非常に痛い。トランプ大統領流の一対一でのディールは、TPPのような面で行うFTA／EPAが作るサプライ・チェーンを切り刻んでしまう。そして、そのサプライ・チェーンは二国間協定で行うFTA／EPAの積み上げだけでは絶対に取り戻せないのである。

事務レベルでの意図

自動車の原産地規則が厳格化されたのとは別に、将来的に、安全保障を理由に高関税を課すこととなった場合でも、メキシコ、カナダからの輸入については、それぞれ２６０万台の無税枠を設けることになった。トランプ大統領は、安全保障を理由に高関税を課すことで脅しを入れるのが好きだが、仮にそうなった場合でも一定の台数は無税輸入することを約束した。この無税枠は、交渉時点でのカナダ、メキシコからアメリカへの輸出台数よりもかなり多くなっている。つまり、高関税を課したとしても当面、何らの影響も出ないようになっているとされる（ただし、近年、急速にメキシコからの輸出が増えて発動基準に近付いている。）。ここから見えてくるのは、事務レベルではあまりＮＡＦＴＡの枠組みを崩したくないという意図であった。通商代表部は、大統領府からの要求とＮＡＦＴＡの維持の双方に目配りしながらやっていることを窺わせた。

カナダとの間では小麦、乳製品、木材等でＮＡＦＴＡが変更された。見ていて面白かったのは、アメリカの小麦をカナダに輸出すると自動的に最低価格帯に位置付けられるのを改めさせたとか、乳製品のクラス分けによってカナダ産原料乳製品の競争力が増し、アメリカ産に不利になっているので改めさせたという内容が大きく取り上げられていたことである。カナダにとっては重く圧し掛かるものが幾つかあったのは事実だが、マクロで見てみるとそれ程大きな変更は無かったと思う。

ベースはNAFTA＋TPP

つまり、全体像を見ると、あくまでもUSMCAの下敷きはNAFTA＋TPPであり、それに新しい章を幾つか付け加えただけである。新しく付け加えられたものとしては、大統領の関心事項＋業界の要望が特に強いものに限定された。業界要望は比較的技術的なものが多かったように思う。NAFTA創設時の通商代表だったミッキー・カンターがUSMCAを見て、「It's really the original NAFTA（正にNAFTAそのものだ）」と言ったとされる。つまり、「大した変更点はない」という趣旨である。私もカンター元代表と同じ感想を抱いた。

そして、日米貿易交渉を行う際、この点が参考になるのではないかという期待感を抱いた。ベースはどこまで行ってもTPPであり、完全にゼロの状態から交渉を行うことなどしないのではないか。TPPをベースに、大統領の関心事項である選挙に関連のあること、業界の要望が特に強いことを強く押し込んでくるのが交渉の全体像だろうと想像した。しかも、実は私の眼には通商代表部自体はあまり新規の交渉に積極的ではなかったように見えていた。膨大な労力を費やして合意したTPPのバランスを崩す苦労を分かっているからである。

これがＮＡＦＴＡ見直し交渉の結果を見た時の感想だった。しかし、私の読みは甘かった。日米貿易交渉の結果を見ると、ＮＡＦＴＡ見直しのような穏当な結果には終わらなかったのである。

日ＥＵ・ＥＰＡ

ＴＰＰ並みに厳しかった交渉

ここで少しだけ日ＥＵ・ＥＰＡについても簡単に触れておく必要があるだろう。ＴＰＰとも、日米貿易交渉とも相当に連動している市場アクセス分野に限定して書いておきたい。

日本の関税撤廃率は94％（品目ベース）、ＥＵ側は99％（品目ベース）だった。そして、日本の金額ベースでの関税撤廃率は98％であった。ＴＰＰでは品目、金額量ベースでいずれも95％だったのと比較すると、品目ベースでは撤廃率が少なく、金額ベースでは多いということになる。これは何を意味しているかと言うと、日本はＥＵからの農産品主要5品目（コメ、小麦・大麦、砂糖、豚肉・牛肉、乳製品）の輸入が、ＴＰＰ諸国からの輸入程多くないということである。ＴＰＰでも、日ＥＵ・ＥＰＡでもこれら5品目の関税撤廃率は同様に低い。それにもかかわらず日ＥＵ・ＥＰＡの方が金額ベースでの撤廃率が高いということは、これらの輸入が少ないということである。

いずれにせよ、ＴＰＰ以前であれば考えられないくらいの撤廃率であり、難易度から言えばほぼ同等と言える。ただ、ＴＰＰ12交渉でハイレベルのＦＴＡ／ＥＰＡに慣れを作ったことが、ＥＵとの交渉を相当に楽にしたと思われる。本来、ＴＰＰ12の交渉とＥＵとの交渉の難易度はそれ程変わらない。「アメリカは怖いけど、ヨーロッパの国々は優しい。」と思っている日本人は多いと思うが、私の経験では全く違う。普段は左派っぽい理念を語るのが好きである一方、自分のポケットの中のおカネの話になると、ＥＵ諸国の方がエゲつないというのが私の経験である。「理念はリベラル系、財布は保守系」、欧州の人の行動原理はこう覚えておくといいだろう。

なお、ＴＰＰで撤廃したのに日ＥＵ・ＥＰＡでは撤廃しなかったのは、ホエイ（乳清）、穀物の胚芽、メープルシロップ等であり、日ＥＵ・ＥＰＡで撤廃したのにＴＰＰで撤廃しなかったのは、チョコレート菓子、マカロニ、スパゲッティ等であった。このＴＰＰと日ＥＵ・ＥＰＡとの凸凹の差を見れば、それぞれ相手国がどういうことに強い関心を持っていたかがよく分かるだろう。

EUのこだわり

農業については、TPP並みの譲歩が大半である。ただ、同じ譲歩をしても、例えばコメや牛肉についてEUは殆ど関心が無い。小麦については、マカロニ、スパゲッティといった加工品への要望が主だった。乳製品はバターについての無税枠要望は強くなかったが、チーズやワインの輸出に対する執念はTPP諸国を遥かに上回った。ソフトチーズについては、TPPでは全く譲歩しなかったカマンベール、モッツァレラを含め、全体で大きめの優遇枠(直近の日本の輸入量を上回る数量を設定)を設定することで合意した。また、ワインについては、平成19年に発効した日チリ・EPAにより平成31年4月にチリワインが無税となることを相当に意識していた。最終的には即時無税となった。そして、豚肉に対する関心はとても強かったはずである。デンマーク産、スペイン産、ハンガリー産などブランド化の進む豚肉を多く抱えているので当然である。ただし、欧州の豚肉は総じてアメリカ産豚肉に比べて高い。そして、前述のような複雑な事情により、アメリカ産よりも選ばれやすくなっている。

実はEUは工業品に有税品目がとても多い。無税品目は工業品の4割にも満たないくらいである。逆に言うと、これは「(日EU・EPA交渉で)取りに行くものが大きい」ということを意味する。そして、日EU・EPAでは、発効時の即時撤廃で工業品の撤廃率が8割を超え、最終的には100パーセント撤廃を勝ち取っている。日本にとって最大の課題であった10％の自動車関税は8年後に撤廃される。日本側がTPP並みの関税撤廃・削減をコミットし、マカロニ、スパゲッティ、チーズ、ワインについてはTPP以上の約束をしたことがこの結果に繋がったものと思う。日本はこれまで幾度となくEUへの工業品輸出では酷い目に遭ってきているので「あの（工業品の有税品目が多い）EU」が100パーセント撤廃に応じたというのは、背景を知る者からすると結構な驚きである。

アメリカの焦り

日EU・EPAやTPP11が進んでいくと、どんなに強気なことを言っていてもアメリカは日本との交渉に引き込まれていく。日本市場における競争条件が悪化するからである。平成30年前半、アメリカ国内で開催されたある農業関係の会合に出た際、日本との貿易協定の早期妥結の優先順位が想像以上に高いことに私は驚いた。多くの発表者がすべての国際的な課題の内、日本との貿易協定の早期締結を2、3番目くらいに持ってきていた。日本市場におけるカナダ、オーストラリア、EU等との「level-playing-field（平等な競争条件）」を求める農業関係者の要求は直截的だった。農務省関係者はかなり突き上げられていたものの、その時点では口はばったい答えしか出来ていなかった。明らかにアメリカ国内の農業関係者は焦っていることが肌身で感じられた。

交渉のスタートラインが違う土俵作り

日米共同声明の問題点

平成30年9月の日米首脳会談で、日米二国間でのFTA／EPAに向けた交渉が始まることとなった。出された共同声明そのものは非常に漠然としたものであった。一番鍵となる市場アクセスでは、日本は「農林水産品について、過去の経済連携協定で約束した市場アクセスの譲許内容が最大限であること。」、アメリカは「自動車について、市場アクセスの交渉結果が米国の自動車産業の製造及び雇用の増加を目指すものであること。」という立場を述べて、お互いに尊重するとなっていた。

最初に見た時に、日米間でのコミットメントの度合いが対等でないこと、そして、アメリカ側の表現が漠然としていることを不安に思った。よく読んでみると分かるが、日本はTPP12での譲歩がスタートラインになっており、最終的にはTPP12での譲歩まではやることを示唆している。逆にアメリカはTPP12での譲歩がスタートラインになっておらず、そもそも具体的に何を言っているのかがよく分からない。「米国の自動車産業の製造及び雇用の増加を目指す」という表現は極めて多義的である。かつての日米保険協議の時の「激変緩和措置」という言葉に振り回された歴史が、私の脳裏を過った。そして、その懸念は後日、具体的な形で現れてくる。

もう一点、条約を専門にしていた者として「尊重」という言葉が気になった。条約の世界では「尊重」は「順守」とは異なり、「そう言っていることは十分に理解している。」くらいの意味くらいで捉えておくべきものなので、ここで尊重したからといって結果を保証するものではない。外交文書において、「尊重」とは非常に緩い表現なのである。これはとても法技術的なポイントであるが、交渉結果を見てみると、日米間でこの「尊重」の度合いが異なっていることが露呈した。

現在でもよく分からないのが、「この交渉のスタートラインは何だったのか」という点である。トランプ大統領はTPP12そのものに対して否定的な見解を述べているので、表向きそのTPP12を基準とした交渉にはならない。かと言って、日本としては、完全に新しい交渉をスタートするべきではない。その時、やはり基準となるのはTPP12だっただろう。なので、私は「TPP12の成果からの得喪《とくそう》でバランスを取る」という方針がベストだったと思っている。その観点からは、共同声明において、日本がTPP12をスタートラインにして、アメリカはTPP12をスタートラインに設定しない上に、曖昧さの残る表現であったこと自体が土俵の作り方として良くなかった。明示的にＴＰＰ12を前提としなくとも、修辞上の表現を駆使してもう少し対等の土俵作りをしておくべきであった。

日米交渉を「ＴＡＧ（物品貿易協定）」と呼称した理由

「日米ＦＴＡ」ではなかったのは何故か？

共同声明の具体的な中身以前の問題として、この交渉を「日米物品貿易協定（ＴＡＧ）」と呼んだことは全く感心しなかった。そんなものは存在しておらず、１００パーセント捏造と言って差し支えない。

これまでも何度も述べてきた通り、「みんな平等（最恵国待遇）」の例外である「あなただけ優遇」が可能となるのは、ＧＡＴＴ／ＷＴＯルールの例外としてであり、そのためには「関税等を実質的にすべての貿易において撤廃」という要件が課される。これまでそれらをすべて自由貿易協定（ＦＴＡ）と呼んできた。自由民主党政権の歴代大臣、政府参考人もそう呼んできている。貿易ルールの中に物品貿易協定（ＴＡＧ）などというカテゴリーは存在しない。

物品についてはＧＡＴＴ、サービスについてはＧＡＴＳ（サービス貿易協定）における条件を満たすものが自由貿易協定（FTA）であり、例外は存在しない。外務省のホームページを見ると、きちんと「自由貿易協定（FTA）」とは、「物品の関税及びその他の制限的通商規則やサービス貿易の障壁等の撤廃を内容とするGATT第24条及びGATS（サービス貿易に関する一般協定）第5条にて定義される協定。」と書いてある。

何故、このように存在もしていないTAGという新呼称を作り出したかというと理由は簡単である。日米交渉を「日米FTA」と呼ばせたくないのである。農業界を中心に「日米FTAはヤバいのではないか。」という不安が煽られてしまう可能性が高いと懸念したのであろう。令和元年7月の参議院選挙を間近に控えて、報道に「日米FTA」という文句を躍らせないためにインチキな造語をしたのである。

交渉のスコープ

そもそも、日米共同声明でも「TAG」と読み取れるような部分は一つも無い。

まず、英語では「a Japan-United States Trade Agreement on goods, as well as on other key areas including services, that can produce early achievements.」となっている。そして、これを日本側は「日米物品貿易協定（TAG）について、また、他の重要な分野（サービスを含

む）で早期に結果を生じ得るもの」と訳している。一方で駐日アメリカ大使館は「早期に成果が生じる可能性のある物品、またサービスを含むその他重要分野における日米貿易協定」と訳していた。英語の構文の読み方としては、後者の方が100パーセント正しい。

まず、TAGを固有名詞とするのであれば、「goods」は「Goods」と書くはずである。この時点で「TAG」を固有名詞とするのは無理がある。細かいポイントのように見えるかもしれないが、外交文書の読み方としてこの点は極めて重要である。英文からはTAGを固有名詞として抜き出すことが出来ないのである。

訳し方についても、①「物品（goods)」と「サービスを含む他の重要な分野（other key areas including services)」は並列である、②「早期に結果を生じ得る（that can produce early achievements)」は全体に掛かるのが正しい（前記の駐日アメリカ大使館の訳）という2点で、日本の訳は決定的に間違っている。私は外務省条約課補佐時代に、幾つかの条約を訳して内閣法制局に持ち込んでいたので分かるが、仮にこんな訳で内閣法制局に持っていったら徹底的にバカにされて叱られるだろう。その前に英語能力の欠如で課長補佐ポストから飛ばされる可能性すらある。

あえて誤った読み方をして、安倍総理は「今回のＴＡＧは物品に関する協定であり、その他の幅広い分野については前提として必ず交渉対象となるわけではない。なので、これまでのＦＴＡとは違う。」といった話をしていた。これまでの説明で分かってもらえると思うが、全く論外である。少なくとも、日米共同声明では非常に幅広い分野が交渉対象になっているとしか読めない。

安倍政権の思惑

多分、こうやって言葉をグチャグチャいじり、それで屁理屈をくっ付けることで、議論を混乱させ煙に巻くのが戦略だったのだろう。その中で「ＴＡＧでも、ＦＴＡでも、ＥＰＡでもどれでもいいいじゃないか。きちんと交渉して成果が得られればいいだけだろう。」という雰囲気を作り出して、「日米ＦＴＡ」という言葉がマスコミに踊らなければそれでいいと思っていたはずである。交渉できちんとやってくればいいというのは私もそう思う。しかし、政治的な思惑で嘘をついたり、ルールを捻じ曲げたりすることは看過してはならない。

私は「日米ＦＴＡの呼称に真正面から向き合えばいいじゃないか。」と心から思った。こういう猿知恵に暗躍する官邸官僚、そして彼らにあれこれと変な知恵を付けている各省官僚の存在には本当に感心しない。こういう所で気骨のある官僚が最近減った。内閣人事局というツールをフル活用した、官邸から各省庁人事への圧力が相当にきついことを窺わせる。気骨など見せていたら、官邸官僚の差配で首を飛ばされるのだろう。

アメリカ側から見た日米二国間貿易交渉

勿論、アメリカは包括的なFTA／EPAを考えていた。日米物品貿易協定（TAG）などというインチキワードはそもそも念頭になく、物品貿易交渉だけでお茶を濁すつもりなど毛頭ない。アメリカにおいては、通商代表部が交渉する際の根拠となる法律は通商法であり、そこでアメリカが外国との貿易協定で目指すものが書いてある。どんな貿易協定であっても、通商法の同じ部分を根拠規定として交渉をスタートするわけなので、日本との間においてだけ「（そもそも存在もしていない）TAG」などという名称で物品だけに限定した交渉をするなどということはあり得ないのである。

平成30年末に通商代表部が行ったパブリックコメント、公聴会、通商代表部が発表した目標ペーパーからは、すべて極めて包括的な貿易協定を想定していることが分かる。日本もそれは分かっている。日本が「TAG」という捏造表現を使っているのは、あくまでも内向きの選挙対策でしかなかった。

トランプ大統領はバカじゃない

交渉と選挙の関係

日米貿易交渉の中で、トランプ大統領が最も重視したのは「選挙」であろう。何度もこの本で強調したが、大統領選挙と連邦議会選挙で激戦区になる州に利益をもたらすことを非常に重視していたはずである（アメリカの大統領選は州ごとに行われ、一票でも勝てばその州に割り当てられた選挙人は総取りである。）。平成28年の大統領選挙で、トランプ大統領はボロ負けした州が多い一方、勝った州では僅差での勝利が多かった（結果としてクリントン候補よりも得票数は200万票以上少なかった。）。大統領選挙及び連邦議会選挙を控える中、この僅差で勝った州、今後、接戦が想定される州を大事にしたいと思うのは当然である。若干の誇張になるが、少々揺さぶったくらいでは勝てない民主党の金城湯池《きんじょうとうち》（例えばカリフォルニア州やハワイ州）や何もしなくても勝てるくらい保守層が強い州（例えばグレートプレーンズが広がる地域の大多数の州）はどうでもよくて、激戦区の利益をどう確保するかに関心が向きがちなのである。

この視点から日米貿易交渉を見ることが非常に重要である。そして、選挙の視点からは、トランプ大統領の保護主義的アプローチはかなり合理的にやっているように見えるのである。激戦州の産業構造を見ながら、競争力のある農産品や工業品の強引な売り込みと脆弱な分野への徹底的な保護主義を組み合わせようとしているのが見え隠れする。これを経済学的に正当化するのは難しいのだが、選挙の論理は別物である。

具体的に前回大統領選挙での得票から見ていきたい。以下のような州がトランプ大統領には気になるだろう（カッコ内は勝った候補と選挙人数）。

【2016年大統領選挙で差が1％以下だった州】

ミシガン（トランプ、16人）
ニュー・ハンプシャー（クリントン、4人）
ペンシルヴァニア（トランプ、20人）
ウィスコンシン（トランプ、10人）

【2016年大統領選挙で差が1〜5％だった州】

フロリダ（トランプ、29人）
ミネソタ（クリントン、10人）
ネバダ（クリントン、6人）

メイン全州区（クリントン、2人）
アリゾナ（トランプ、11人）
ノース・カロライナ（トランプ、15人）
コロラド（クリントン、9人）

【2016年大統領選挙で差が5〜10％だった州】
ジョージア（トランプ、16人）
バージニア（クリントン、13人）
オハイオ（トランプ、18人）
ニューメキシコ（クリントン、5人）
テキサス（トランプ、36人）
アイオワ（トランプ、6人）

これら以外の州は10％以上の差が開いており、共和党、民主党いずれかの支持がかなり固いと見ていい。とすると、2020年大統領選挙は基本的にこれらの州においてのみ真の戦いが行われると言っても過言ではない。そして、もう少しよく見てみると、トランプ大統領の視点として以下のようなことが特徴的だろうと思う。

◉テキサス、アリゾナ、ジョージアでは勝っているが、2012年大統領選挙でロムニー候補（共和党）が取った票よりも下がっている（つまり、トレンドとしては下げの地域）。
◉2012年大統領選挙ではオバマ候補（民主党）が勝ったけれども、2016年にトランプ大統領がひっくり返したのが、アイオワ、オハイオ、フロリダ、ウィスコンシン、ペンシルヴァニア、ミシガン。

基本的に、2016年大統領選挙は大半の州でトランプ候補が2012年のロムニー候補よりも伸ばしていた。その中、勝ったものの下げのトレンドを示したこの3州はとても気になるだろう。ちなみに3州とも名前を聞くだけで、普通は「ああ、共和党が強いよね」と判断するような州である。また、2016年に引っくり返した州については、アイオワを除けばすべて選挙人が2桁の州でありトランプ大統領はこれらの州を一つでも落としたら終わりだと思っているだろう。2020年大統領選挙では絶対死守の州になる。

そして、トランプ大統領に対抗する民主党側の候補者からはテキサス、フロリダ、ジョージア、ノース・カロライナといった州は大統領選挙で引っくり返せるという声が聞こえてきている。

トランプが絶対に逃せない州

トランプ大統領の視点から見ると、まずはテキサス州が非常に気になると思う。アメリカの大統領選挙で選挙人が極めて多いのはカリフォルニア（55人）、テキサス（38人）、フロリダ（29人）、ニューヨーク（29人）であり、近年はカリフォルニアとニューヨークが民主党、テキサスが共和党、フロリダは大激戦州となっている。大統領選挙で最後に共和党候補がテキサスで落としたのは、1976年のフォード大統領である（勝ったのは、南部ジョージア出身のカーター候補）。それ以降、クリントン大統領、オバマ大統領もテキサスでは負けている。しかし、トランプ大統領のテキサスにおけるトレンドは前記の通り「下げ」である。2012年のロムニー候補（共和党）がオバマ大統領（民主党）に付けた差は16％だったが、2016年のトランプ候補（共和党）がクリントン候補に付けた差は9％とかなり詰められている。

選挙をやっていれば分かることだが、538人の選挙人を競うアメリカ大統領選挙で38人の州を落とすということは、自分が38人減らして、相手が38人増えるということなので76人分ひっくり返されるということになる。テキサスを落とす共和党候補は絶対に勝てない。近年の大半の大統領選挙では、カリフォルニアは民主党、テキサスは共和党、ここはある意味当然視しながら進んできている。したがって、このテキサス州が激戦になるというのはトランプ大統領からすると背筋がゾッとするはずである。

テキサスと一括りにするが、南北や都市部と農村部で選挙スコアは全く異なる。南部と都市部（ダラス、ヒューストン、サン・アントニオ）は民主党が強い。逆に北部や農村地域は共和党が強い。

こうやって見ていくと、日本との貿易交渉への影響が見えて来る。日本との関係では牛肉や防衛装備品が大きいと思われる。テキサスはアメリカ最大の牛肉の生産地である。そして、日本が大量購入すると言われているF‐35の最終組み立てはダラス郊外のフォートワースである。これらの地域に利益をもたらすため、日本との貿易交渉で更に強く押してくるのは必定であった。平成30年、テキサス州にて牛肉農家の方と深く話し込む機会があったが、こちらから話を振っていないのに「日本との貿易協定」の件で熱弁を振るっていた。相当、大統領府には「早期の成果」で圧力が掛かっていたことだろう。また、F‐35の大量売却についても関係する地域での雇用創出を売り込む観点から最大限利用したいと思っているだろう。

牛肉というのは、元来アメリカ人の心に響くテーマであり、日本にアメリカン・ビーフが多く売れるというのは象徴的な意味合いがとても強い。しかし、テキサスの例を見ても分かるように、それだけではない。主要生産州としては、テキサスの他にネブラスカ、カンザス、アイオワ、コロラドあたりであるが、例えば、２０１６年の大統領選挙で、コロラド（選挙人9人）は５％以下の差でクリントン候補に負けており、アイオワ（選挙人６人）で勝っているが、その差は10％以下である。とても気にはなっていただろう。

また、豚肉の主要生産州の方は牛肉以上に激戦区の様相を呈している。２０１６年選挙でミネソタ（選挙人10人）では５％以下でクリントン候補に負けており、ノース・カロライナ（選挙人15人）、アイオワ（選挙人６人）では勝ったものの前者は５％以下、後者は10％以下である。激戦州の数、激戦の度合いは牛肉生産州以上ではないかと思われる。

その他、前回僅差でトランプ大統領が勝ったウィスコンシン（10人）、ペンシルヴァニア（20人）、ミシガン（16人）、アリゾナ（11人）あたりでも、現在、大統領選挙をやればトランプ大統領が劣勢であるとも報じられている。オハイオ（18人）とて楽観視出来る要素は一つも無い（カッコ内は選挙人数）。たった10人だと思うかもしれないが、一対一の選挙戦では、前述のように20人分引っくり返されるのである。選挙人総数が５３８なので４％弱引っくり返されることになる。選挙で一気に４％も差を詰められることがどれくらいのことか、私にはよく分かる。

重要な連邦議会の激戦区

連邦議会選挙、特に現在、トランプ大統領の共和党が少数となっている下院選挙の視点からも見ておきたい。前回の２０１８年選挙では民主党が２３５、共和党が１９９であった。上院は共和党が保持したが、下院で共和党が少数になったことでトランプ大統領は非常に苦しい政権運営を強いられている。少なくとも一部の民主党議員から賛成が得られなければ、予算も法律も通らない状況である。また、２０１９年9月に行われたノース・カロライナ州での連邦下院再選挙では、共和党が歴史的に非常に強い地域で大接戦だった（最終的に共和党候補勝利）。トランプ大統領は、こちらも既に相当な危機感を持っているはずである。

トランプ大統領からすれば「下院で20引っくり返せばいいんだろ。」という発想になるはずである。40議席弱の差があるので、20議席引っくり返せば下院でも多数を取ることが出来る。となると、２０１８年選挙で激戦区だった地域、特に民主党が共和党から奪取した選挙区に注目することになるだろう。

前回、民主党が共和党から取った選挙区を見ていくと以下のようになる。共和党現職が敗北した選挙区、共和党現職が引退して民主党新人に取られた選挙区が主である。

【2018年連邦下院選挙で民主党が議席を増やした州】
7議席増　カリフォルニア
4議席増　ニュージャージー、ペンシルヴァニア
3議席増　バージニア、ニューヨーク
2議席増　フロリダ、イリノイ、アイオワ、ミシガン、テキサス、
1議席増　アリゾナ、コロラド、ジョージア、カンサス、メイン、ニューメキシコ、オクラホマ、サウスカロライナ、ユタ、ワシントン

これらの選挙区を細かく見ていくと、幾つかのことが分かる。

◉カリフォルニアが民主党にとっての金城湯池であることが更に強化された。
◉大統領選挙における激戦州が多く含まれている。
◉日本との貿易交渉の結果に影響を受ける州が一定数含まれている（例えば、前回、アイオワで共和党候補が落選した選挙区はアメリカでトップクラスの豚肉の大産地である。）。

そして、民主党候補が僅差で勝っている選挙区がかなり多い。2020年の連邦下院選挙で

は、これらの選挙区をどうやったら再度引っくり返せるかについて個別事情を踏まえながら丁寧に戦略を練ると思われる。20選挙区の逆転でいいと思えば、かなり緻密に個別選挙区の事情まで踏み込んで対応することが可能だろう。テキサスのダラス郊外フォートワースにおけるF-35組み立ての話を前述したが、フォートワースや周辺での下院選挙の状況を見ていると、共和党が強くはあるものの、民主党が握っている選挙区、2018年には激戦の上、ようやく共和党が保持した選挙区もある。また、F-35の主要部品の生産地として知られるカリフォルニア州のパームデールは歴史的に共和党が強い地域だったが、2018年連邦議会選挙では激戦の末、民主党に引っくり返されている(ただし、当選した議員は2019年秋、リベンジポルノ絡みで議員辞職している。)。正にトランプ大統領の現在の議会での苦境を作り出した選挙区の一つであり、トランプ大統領的には取り戻したい選挙区である。

このように日本との交渉は大統領選挙や連邦議会議員選挙とも密接に絡んでいると見た方が良いだろう。トランプ大統領は自分の選挙や共和党内での求心力維持にとても意を用いている。トランプ大統領は安倍首相と話す時に、各農産品と選挙区事情が書いてあるペーパーを置いていると報じられていた。多分、前述のような話が簡単なメモになっているのではないかなと思う。

第8章

目まぐるしく変わる
ゲームの景色

令和元年8月、日米貿易交渉はかなり唐突な形で大筋合意した。実質的な交渉期間は半年強くらいであった。TPP交渉同様、茂木内閣府特命担当相（当時）が一元的に交渉を担ったこと自体は良かった。貿易交渉において一人の大臣に権限と忠誠心を集約させるスタイルが、日本の交渉のスタンダードになってほしいと心から思う。

当初から、この交渉は「TAG（物品貿易協定）」に関するものとは言えなかった。アメリカは最初からそのようなことを考えていなかった。しかし、日本がTAGであるという体裁を整えるようとする時、アメリカはそこに付け込んだ。交渉のどこかでアメリカは日本のTAGという理屈を利用する方向に舵を切った。そして、日本は多くの犠牲を払うことになった。今となってはもう政府はTAGという用語は使わなくなっているが、TAGと主張するために使った嘘は続いている。

効いていた脅しとディール

得喪のバランスの悪さ

TPP12交渉は、色々と問題はあったが結果は「全体としてかなり踏み止まったもの」だったと思う。しかし、今回の交渉結果である日米貿易協定はバランスが取れたものとはとても言えない。まず、全体論として、ＴＰＰ12での合意事項と比較した時の得喪のバランスが著しく悪い。日本側から見て、ＴＰＰ12並みの譲歩を迫られた分野はかなりあるが、ＴＰＰ12よりも取れたものは皆無であり、守り切れた大玉として思い出せるのはコメの輸入枠廃止くらいである。

やはり、交渉開始時の土俵の作り方が良くなかった。日本の「農林水産品について、過去の経済連携協定で約束した市場アクセスの譲許内容が最大限であること。」は、ＴＰＰ12での譲歩が大前提になっている。逆にアメリカは「自動車について、市場アクセスの交渉結果が米国の自動車産業の製造及び雇用の増加を目指すものであること。」となっており、ＴＰＰ12での譲歩は一切考慮するようになっておらず、かつ、この表現自体が何を言っているかが分からない。ここからスタートすると、ＴＰＰ12で獲得したバランスとの見合いでは日本の方が不利になることは明らかだった。

日米交渉の前後に行われたＵＳＭＣＡ交渉において、アメリカはたしかに無理難題をカナダやメキシコに吹っ掛けてはいる。そして、ＮＡＦＴＡからスタートして一方的にアメリカ側がほしいものを要求している。なので、見直し前のＮＡＦＴＡと比べて得喪のバランスが綺麗にプラス・マイナス・ゼロになっているわけではない。この点は日本の二国間交渉と変わらない。

ただし、妥結したＵＳＭＣＡをよく見ると、劇的にＮＡＦＴＡのバランスを崩すものとまでは言えない。しかし、日本の譲歩振りはＵＳＭＣＡでのカナダ、メキシコの譲歩の比ではない。一部は貿易交渉というよりも、ただの商取引でしかないようなものまで含まれている（例・とうもろこしの追加輸入）。このような商取引をしないとまとめることが出来ない貿易交渉を私は過去に見たことが無い。

そして、ＵＳＭＣＡは議会での通過に向けて、与野党で激しい議論が行われた。トランプ大統領の弾劾問題の渦中に置かれてしまったという不幸はあったものの、中身についても野党民主党のみならず、与党共和党や産業界からも内容に不満が表明され、ライトハイザー通商代表は非常に議会対策に苦労していた。逆に日本との協定は、当初からすぐにでも成立する勢いであった。ある程度の＋αを確保したにもかかわらず議会からそのままでは承認不可だと判断されたＵＳＭＣＡ、議会筋の懸念を全く惹起することなくすぐにでも成立する日米貿易協定、この比較を見た時、日本の一方的な譲歩振りが透けて見える。

早期妥結に応じた日本

そもそも論として、交渉において日米間でどちらの方に焦りがあったかと言えば、前述の通り、終始アメリカ側である。ＴＰＰ11や日ＥＵ・ＥＰＡの発効による競争条件の悪化は平成31

年（令和元年）になって明らかに出て来ていた。米中貿易戦争も相俟って、アメリカの農家はともかく安定的な農産品の輸出先を求めていた。一方、日本側には1日も早く日米貿易交渉をまとめてほしいという、そこまで切迫した要望は無かった。早期妥結そのものの「値札」は、アメリカにとって高いものだった。

交渉というのは、通常、妥結を焦る方が不利に置かれるというのが常識である。しかし、交渉入りから大筋合意まで、日本がアメリカの焦りに付け込んでいるように映ったことは私には一度も無かった。当初、かなり強気だったライトハイザー通商代表は途中からまとめモードに入って来たと聞いている。恐らく早期妥結への焦りがあっただろう。しかし、妥結内容を見る限り、アメリカが焦ってきたことに対する日本の答えは「早期妥結に応じる」だった。「値札」を高く売り付けたようには到底見えなかった。

「脅し」の効果

明らかに「脅し」が効いていた。自動車への高関税という脅しが過度なまでに効果を見せていた。米中の貿易戦争におけるアメリカの強硬姿勢を目の当たりにしている以上、トランプ大統領は日本には制裁は打たないという楽観論に立つことは出来ないが、それにしても、日本は今回、脅しが非常によく効く国だということを世界に示してしまった。ある欧州の国の通商担当の高官と話す機会があったが、「日本は悪い前例を作った。」と極めて厳しいコメントを述べていた。広くＥＵ内で共有されているのではないかと思う。

トランプ大統領の手法

トランプ大統領は、「国」と「指導者」を分けて対応することが多い。例えば、中国とどんなに対立関係にある時でも、「習近平主席とは良い友達だ。」といったことを言う。日本との関係でも「巨大な貿易赤字」、「不公正な関係」を激しく叩くが、これは「シンゾーは良いヤツだ。」というメッセージとは全く矛盾しない。何故なら、これがディールの基本だからである。つまり、二国間の問題を煽るだけ煽りつつ、それを個人間の関係に昇華させることで解決しようとする。彼が馴れ馴れしく「friend」という時は要注意である。トランプ大統領は基本的にどの外国の首脳も「friend」だと思っていないだろう。19世紀イギリスの首相、パーマストン卿が「我々には永遠の同盟国も、永続的な敵も居ない。我々の利益が永遠で永続的なのであり、それらの利益を追うのが我々の義務である。」と述べたこと、更に直截的にフランスのシャルル・ド・ゴール大統領が「国家には友人は居ない。国家にあるのは利益だけである。」と述べたことと同じ発想である。

日本、ひいては安倍総理のこれまでの立ち位置がトランプ大統領からの脅しが効き易いものであったと見るのが適当だろう。安倍総理がトランプ大統領を始めとする各国首脳と密接な関係にあるのは、一般論としてはとても良いことである。ただし、密接な関係を築くということは、トランプ大統領が敷いた（ディールをしやすくなる）網の内側に入っていくということを忘れてはいけない。そして、トランプ大統領は相手が自分の網の内側に入って来てくれることを常に望んでいる。更に言うと、密接な関係にある中で、利害の出し入れの糸が増えていくことが好都合である。ディールの材料が増えるからである。もう一度言うが、トランプ大統領は安倍総理を含む世界のどの首脳のことも友人とは思っていない。

今回、大筋合意をした8月時点で日米間の外交上の案件が山積していた。既に朝鮮半島関連だけでも、安倍総理はトランプ大統領にかなりの依頼事をしていたことは報道の通りであり、それ以外でも日本としてアメリカに依頼したことがかなりあったと思われる。その他、在日駐留軍経費の日本側負担増額要求の問題もあった。かねてから、トランプ大統領は「日本（安倍総理）は色々頼み事をしてくるが、こちらの要望は聞いてくれない。」という不満を持っているとされていた。トランプ大統領はビジネスマンなので、頼まれて自身が動いたことについては必ず対価を求める。つまり、貸し借りのバランスが悪いとトランプ大統領に思われていたであろう。そして、安倍総理も同様の認識を持っていたと思われる。ここに脅しとディールの条件が整っていた。

日本側報道から見ているとそう見えないだろうが、恐らく両首脳間の関係はそのようなものであったはずである。日米貿易交渉が拗れたままでは、8月末のビアリッツG7サミット(先進国首脳会談)、9月末の国連総会の時にある日米首脳会談を切り抜けられる見通しが立たなかったのだろう。その判断が背景にあったため、日米貿易交渉はその中身の未成熟さにもかかわらず泥縄的な結末を辿らざるを得なかった。

合意時期の見誤り

交渉が終結した後、政権は後付けで「大統領選挙の日程を見ながら交渉していた。今回の日程は想定の範囲内。」という趣旨の言い訳をしているが、ビアリッツG7で「9月署名」を提案された時の狼狽ぶり、そして、その後の諸作業の突貫工事ぶりを見ていると、とてもそうは思えない。想定の範囲内なら、狼狽もしないし、突貫工事にもならないのである。これを時系列的に追ってみたい。

トランプ政権発足にもかかわらず、当初、日本はアメリカのTPPへの復活を目指したいとの思いをかなり滲ませていた。しかし、平成30年9月に交渉入りをした後、途中からは超スピードで交渉し、まとめることを要求されたのだと思う。その中であっても、日本側は令和元年8月のビアリッツで「大筋合意」の確認、9月の国連総会での「合意」、その後、細部を詰める作業をして年内の「署名（内容の最終的な確定）」というシナリオを念頭に置いたのだと思う。それとて、実質的な交渉期間は半年前後であり、合意から署名の期間としても比較的短い方に入る。

しかしながら、そのカレンダーでは、日本の国会日程を前提にすると、令和元年秋の臨時国会には間に合わず、令和2年の通常国会での成立となる。令和2年度予算衆議院通過後の3月中〜下旬から衆議院での審議を始めて、4月中〜下旬に参議院で協定が成立するというのが最短になる。協定の発効は令和2年5月1日、国会のハプニングを想定した上で少しゆとりを持たせれば6月1日になるだろう。

そういう中、トランプ大統領は、ビアリッツで「9月の国連総会での署名」を持ち掛けてきた。トランプ大統領が署名を急いだのは、勿論、日本の国会日程を熟知していたからでは無かろう。ただ、政治的直感として9月に署名して早く発効させないと、大統領選挙前に、この協定の恩恵を激戦州の選挙民に広く行き渡らせることが難しいと思ったのだろう。令和2年5月又は6月といえば既に大統領選挙がかなり佳境に入って来ているタイミングであり、その時点で協定発効したとしても、日本への輸出増の恩恵は大統領選挙前には十分に行き渡らない。それでは実績アピールとしての意味が極端に減殺されるのである。

大統領選挙のことを念頭に置けば、トランプ大統領が令和元年9月国連総会での最終合意＋署名、令和2年1月1日発効のスピード感で突っ込んでくることは想定出来た。日本は大統領選挙との見合いで交渉の日程感を測ることが出来ていなかったように思う。

なぜアーリーハーベストが生じたのか？

「嘘の堅持」のための共謀

今回の交渉では、事実上の「アーリーハーベスト（早期収穫）」の状態が生じた。

物品とデジタル貿易のみで合意をした。そして、物品においても自動車・部品の関税といった日本が取りたいテーマは継続協議になった。サービスも、著作権も、政府調達もすべては後回しである。幅広い分野を交渉したTPPと比較すると、非常に限られた分野、品目だけでの合意となっている。

交渉を一括で妥結せずに、こういうつまみ食いをすることをアーリーハーベストと呼ぶことは既に述べた。これは貿易交渉上、最もやってはいけないこととされている。理由は簡単である。アメリカが確保したい成果を日本が出す形でアーリーハーベストを許してしまえば、将来の交渉でのディールのタマを日本は失ってしまう。今後、自動車関税の継続協議、更には残された分野の交渉で成果を得ようとしても、非常に立場が弱くなる。交渉全体のバランスを著しく崩すのである。

歴代自民党政権は貿易交渉におけるアーリーハーベストについて、極めて否定的な姿勢を堅持していた。次の中川昭一農林水産大臣答弁はWTOドーハ・ラウンドに関するものだが、これが常識中の常識である。

【衆議院農林水産委員会（平成18年02月27日）議事録抜粋】
○中川国務大臣　まず、各分野、シングルアンダーテーキングで、一括受諾だ、この分野だけは決めるけれどもこの分野は決めない、いわゆるアーリーハーベストはやらないという大原則があります。（以下略）

しかし、日米両国はアーリーハーベストとなる可能性の種を交渉開始時から撒いていた。まず、日本は交渉対象を「TAG」と言ってしまった以上、物品だけのアーリーハーベストを相当強く意識していたであろう。一方、アメリカについては、大筋合意後、トランプ大統領が議会に署名することを通知したレターでは、この日米交渉は「段階毎に（in stages）」行っていくことになっており、今回、その最初の合意に到達したという趣旨の記述があった。改めて交渉開始時にライトハイザー通商代表が議会に開始を通知した際のレターを見直してみると、たしかに「適切な場合には、段階毎に交渉を追求していくことを目指す。」という記述がある。アメリカは当初、様々な可能性をオープンにしていただろうが、早期の成果を求める焦りが出てきたこと、アーリーハーベストの方がより利益が取りやすいと判断したことなどがあってアーリーハーベストに傾いたものと思われる。

そして、アメリカにとってはこのアーリーハーベスト合意は議会との関係でも都合が良かった。小規模で目線の低いこの程度の合意であれば、議会承認を必要としない形で実施することが出来るからである。この問題点については後述する。しかも、トランプ政権は、議会承認を要しない程度の合意であることを使って、後述のように、民主党が圧倒的に強いカリフォルニア州関連の案件（コメ、ワイン）での成果を徹底的に冷遇した。議会審議が必要な合意であれば、下院で多数を占める民主党議員が協定全体をブロックする恐れがあるくらいの冷遇であった。

つまり、こういうことだろう。日本は交渉入りに際して、包括的なFTA／EPAではなく「TAG（物品貿易協定）」であるという嘘をついた。そして、この建前を守る必要があった。一方、トランプ大統領は、大統領選挙の前に一番アピール出来る物品、特に農産品だけでいいから合意をしたかった。そして、煩《わずら》わしい議会を飛ばして合意を執行することが出来ることを望んだ。そういうことである。そういう思惑を持つ両国が、交渉の途中から緩やかにアーリーハーベストで共謀したということである。これをよく見てもらうと分かるが、アーリーハーベストとすることで日本が取ったものは「嘘の堅持」でしかない。逆にアメリカには具体的に成果を取られていってしまっており、今後の交渉でも不利な状態となる。この両国の得喪のバランスを見ると、非常に日本にとって分が悪い。たかが「嘘の堅持」をするために具体的な国民負担が出ているということである。

しかも、このアーリーハーベストの奇妙な所は、大筋合意の段階では、自動車分野については具体的な合意が存在しなかったということである。大筋合意後もかなりの実質的な交渉をやっている。これだと「どの時点で交渉の成果全体のバランスを測ったのか」が分からない。普通は物品貿易に関する合意は、仮にアーリーハーベストであったとしても、物品すべてについて合意するものであって、特定の品目だけが除外されるような合意など見たことが無い。アーリーハーベストの存在自体がバランスの悪い代物なのだが、今回のアーリーハーベストはその内容においてもバランスが悪い。

「大筋合意」の危険性

政治的プレイアップが交渉に不利を招く

私は「大筋合意」という言葉がとても嫌いであり、その言葉が出て来ると常に「大丈夫か?」という気持ちになる。貿易交渉では時折使われる手法ではあるが、それが何を意味しているのかは、その時々によって全く異なる。大別して、真の意味で全体が合意出来ていて後は細部を詰めるだけの大筋合意と、まだ、交渉事項は残っているけれども交渉が進展していることを政治的にプレイアップするために行われる大筋合意があると思ってもらっていいだろう。前者は何の問題もない。平成27年10月に行われたTPP交渉の大筋合意などは前者に該当する。そして、危険なのは後者である。

日本はかつてのFTA/EPA交渉において、この(後者の)大筋合意で苦しんだ経験がある。一旦、大筋合意を打ち出してしまうと、あとは技術的細目を詰めるだけのはずなのに、中身が詰まっていない部分が残っていると実際はそこからも交渉が続いてしまう。その時に辛いのは、報道の自由が存在する民主主義国家の方である。メディアやその先に居る国民各位は既に大筋合意したと思っているので、交渉する側としては「最終妥結」まで急がなくてはならない。メディアが発展しておらず、民主主義でない国家においては、そういう事情が無い。日本の急いている姿の足元を相手国に見られて、どんどん細部で押し切られていった交渉を私は過去に何度か見ている。

今回の日米交渉の合意の相手は、勿論、民主主義国家アメリカであるが、大筋合意の段階で日本は農林水産品等で相当なカードを切ったのに、日本の自動車に対する関税撤廃や高関税賦課の可能性といった案件は残してしまった。最終合意＋署名の期日を既に9月の国連総会と切っている以上、時間との競争で追い込まれるのは日本である。9月の国連総会直前になっても、自動車関税関係で「ああしたい」、「こうしたい」といった出所不明の情報が政府筋から出されていた。情報の真偽は分からなかったが、政府関係者が時間に追い立てられていることだけは分かった。最大のテーマでこの程度の状況にも関わらず行われた大筋合意の「大筋」とは何を意味していたのか疑いたくなるくらいである（つまり、この交渉が唐突に終わったことを物語っている。）。交渉のあり方としては「論外」と言わざるを得ない。「大筋合意」という政治的プレイアップが、日本にとって極めて不利に働いたケースとして記憶に留めておくべきだろう。

ワシントン閣僚協議からビアリッツ大筋合意に至るまでの違和感

交渉関係者に通じた人からの情報では、茂木大臣・ライトハイザー通商代表間の令和元年8月の閣僚級協議は揉めているテーマがかなり残っていたそうである。とても8月大筋合意、9月の合意など困難だという話が聞こえて来ていた。しかし、大筋合意は成立した。

ワシントンでの茂木大臣とライトハイザー通商代表の間の交渉は唐突に終わってしまった印象がある。アーリーハーベストは事前に仕込まれていたかもしれないが、前記の通り、自動車関税については何の合意もないまま「知り切れトンボ」で終わった。普通では考えられない。しかも、大筋合意直後、自動車の関税撤廃については「継続協議」、「断念」双方の情報が飛び交い、若干の期間、収拾が付いて無さそうであった。しっかりと交渉妥結までに十分な時間を尽くしたTPP交渉では、その手の混乱は生じていなかった。恐らく交渉が終わったのが唐突だったので、方針の調整が付かなかったのではないかと思う。

その直後、ビアリッツG7での日米首脳会談で大筋合意をした。ただ、茂木大臣は「意見の一致」、「方向性の共有」という用語に終始し、「合意」という言葉を徹底して避けた。その時点ではまだ具体的な内容を公開できる程の準備が整っていなかったのだろう。少しでも対外的に情報を出すのを遅らせようとしていたのは明らかだった。

ある友人が示唆していたことだが、ワシントンでの閣僚協議の最中、官邸から現場の交渉団に「撃ち方止め」の指示が出たのではないかと思う。大筋合意を発表する時の茂木大臣の表情を見ていると、幾許かの不本意さを残しているように見えた。「撃ち方止め」となった理由は前述の通り、日米間の懸案をすべて並べてみた時に貿易交渉で拗れている状態では直後のビアリッツG7、9月の国連総会での首脳会談を切り抜けられる見通しが立たなかったことがあると推察される。

アメリカは大統領選挙に向けた早期の成果を求めており、日本としては後に行けば行くほど要望が厳しくなる恐れがあるため、早い段階で手を打ったというのが政府の説明である。要するに「日本は賢明な選択をしたのだ」と言いたさそうである。勿論、対外的にはそう説明をするだろう。しかし、その後の推移や交渉結果を見ていると、どちらかと言えば泥縄感が目立ちとてもそういう考慮が先に立った判断には思えない。早期に交渉を妥結したから良かった、妥結が後になればなるほど状況が悪くなっていたと思える程の事情は特にない。トランプ大統領が何らかのテーマで日本に吹っ掛けてくる時は、この貿易交渉が継続しているか否かに関わらずやるのである。

そのような中行われた、ビアリッツでの日米首脳会談は奇妙としか言い様が無かった。1度会談した後、再会談を行い、共同記者会見を行っている。その過程で同行の官房副長官が会合は「2回行われた」から「1回行われた」に訂正した。2回目は「打ち合わせ」であり、会談ではないという理屈だった。そして、2回目の会談と共同記者会見には日本の記者団は間に合わなかった等、相当にドタバタしたことを窺わせる。

恐らくは、1回目の会談でトランプ大統領から「9月署名」と「とうもろこし輸入」の対外的発表を持ち掛けられ、日本側は驚いた。そして、それらの懸案への対応をするために2時間強の時間を取り、再度、首脳間で調整をして共同記者会見に臨んだというのが一番スッキリする見方になる。後述する通り、とうもろこし輸入の件の理由付けは誰が聞いてもバカバカしいくらい論理的でないのだが、それは2時間強の間で現地に居る農水関係者が即席で拵《こしら》えたものだからだと私は見ている。

無用なとうもろこし輸入の論理

何故購入しなければならないのか？

「自分は全然政治とか、外交とかのことは分からないんだが、あのとうもろこし輸入の理屈が胡散臭いことは分かる。国民はそんなにバカじゃない。」

政治や外交にあまり関心が強くない友人が、私に送って来たメールである。恐らく大半の国民各位が共有する感情ではないかと思う。

ビアリッツG7時の日米首脳会談（1回目）で、安倍総理が米国産とうもろこしを大量購入することを約束したのに対して、トランプ大統領から記者会見で発表したいという話があったことまでは報じられている。交渉中の協定そのものについては、ビアリッツG7の時点ではまだ最終合意していないので詳細に発表することは難しいが、とうもろこしの話は貿易交渉というよりも単なる商取引なので発表しやすいという側面があった。

元々予定していなかった共同記者会見でとうもろこし輸入の話をしなくてはならないにも関わらず、その時の理屈を日本側は考えていなかったのではないかと思う。1回目と2回目の間の2時間強の間で、総理秘書官に怒鳴り付けられながら現地の農水省同行者が飛び付いた理屈が「害虫ツマジロクサヨトウ」であった、というのが私の見立てである。

令和元年夏からツマジロクサヨトウという害虫が日本に入っていることが確認されていた。

とうもろこしに非常に大きな害を短期間で与える能力を有する害虫であり、平成29年にはアフリカ南部で幅広く穀物に害を与え、平成31年春には中国でも発見されていた。そして、令和元年7月には日本でも発見をされていた。

ただし、ビアリッツG7時に生じていた日本でのツマジロクサヨトウ被害は限定的であったことは農林水産省も認めている。ある政務三役は「害虫被害で飼料用とうもろこしが不足し、前倒し輸入の一環」と説明していたが、そのような不足はなかった。実際、農林水産省はツマジロクサヨトウ被害によって不足する供給量を示すことが出来ていない。

そもそも、日本は年間1600万トンのとうもろこしを輸入し、その内、1000万トン程度は飼料用であるが、これらは穀物として輸入され、濃厚飼料として使われるものである。一方、国産の飼料用とうもろこしはサイレージと呼ばれるもので、青刈りしたとうもろこしをサイロで発酵させる粗飼料であり、濃厚飼料とは性質が全く異なる。そして、穀物としてのとうもろこしの国内生産は極めて限定的である。そして、ツマジロクサヨトウで限定的な被害が生じていたのは粗飼料と食用のとうもろこしであった。

畜産農家は粗飼料と濃厚飼料を上手く配合しながら使っており、濃厚飼料が余っているからといって、濃厚飼料ばかりを家畜に食べさせていたらすぐに病気になってしまう。つまり、すべてにおいて代替性が無く、被害が生じたものと対策のために輸入するものが全く別物なのである。これらをすべて勘案すると275万トンも購入する必要は無いことは容易に分かる。

政府は、ツマジロクサヨトウの被害対策として、畜産農家に対する飼料の供給が不足することのないように、民間企業が飼料原料として必要な量を前倒しで購入契約する場合の保管料を支援するものである、と説明している。そして、ビアリッツでも安倍総理はトランプ大統領にそう説明をしたということである。建前上は「民間企業が飼料原料として必要な量を前倒しで購入契約する場合」と限定を付けているので、民間企業が必要性が無いと判断すれば、保管料を助成した所で輸入を増やす保証はどこにもないということになる。しかも、政府は「輸入の前倒し」なだけであって、年間の購入量は変わらないとまで言っている。

この日本の曖昧なやり方は、私が第1章で述べた「アメリカとの二国間交渉の教訓」を全く踏まえていない対応である。数字を出したら独り歩きする（半導体協議）、最終的にアメリカの利益になるのならその手法は何でもいい（自動車協議）、同床異夢的な曖昧表現は危険（保険協議）、といった趣旨のことを書いた。今回のとうもろこしの件は、首脳会談時点では、数字を出している、民間企業に責任を押し付けている、実際の購入をするのかどうかを日本側は明確にコミットしていない、という状態であり、正に過去の交渉からの学びが足らない。こんな日本の理屈は、過去、アメリカに通用して来なかった。非常に曖昧な表現で期待感を与えてアメリカを煽った以上、もう後ろに下がる選択肢はないと見るのが常識的だろう。実際、ビアリッツでのトランプ大統領発言は「余剰とうもろこしを日本が買ってくれる」ことを100パーセント前提としている。安倍総理が会談で何を発言したのかは分からないが、相当な期待感を煽ったことだけは分かる。間違いなく既存の輸入量に上積みする形で、275万トンのとうもろこしを日本が受け入れるのが既定路線だろう。

利益の付け替え

報道によると令和元年11月時点では、保管料の補助をしても全くとうもろこしの追加輸入に乗って来る商社は現れていなかったが、令和元年12月になって複数の保管料補助申請が出されたとのことである。つまりは追加輸入に応じる商社が出てきたということだろう。単発で輸入される大量のとうもろこしを保管するための設備を確保すること、在庫リスクを抱えること等を考えれば、国がどこか別の所で商社にとうもろこしの売却先を用意し、かつ利益の保証でもしない限りは、保管料補助くらいでそのような余剰穀物を買うことは考えにくい。トランプ大統領は「日本の民間企業は政府の言うことをよく聞く」と発言した。それは間違ってはいないが、どこかで政府が利益を確約しない限り商社がそんなものに乗ることはない。恐らくは令和元年度補正予算か、令和2年度本予算で利益の付け替えのための調整を終え、その恩恵に与る商社等が申請したのだろう。その利益の付け替えは農林水産分野で行われているかもしれないし、全く関係のない分野で行われているかもしれない。

正当化の理屈がコロッと変わる時

まとめると、①とうもろこしに害虫の被害が出る恐れがある、②国内生産は輸入に比べれば僅か、③しかも被害は限定的、④その被害に備えるため275万トンを輸入するための保管料を出す、⑤しかし、被害が出たものと輸入するものは別物、⑥輸入は民間セクターによって行われる、ということになる。論理的に繋がる部分は少ない。途中から、あまりの理屈のボロボロ振りに堪えかねて、政府関係者は「とうもろこしの購入で自動車での追加関税を防いだ。追加関税が来た時の損害を考えれば、とうもろこしの購入くらい安いものだ。」という理屈まで持ち出して来ていた。こうやって、何かを正当化する理屈が変遷する時というのは大体胡散臭いことが多い。

トランプ大統領に振り回され、ボロボロの理屈を編み出すことを求められた。理屈がボロボロになると、その裏で国民負担が増えていくのを私は何度も見てきた。今回の結果として負担のツケが回って来る可能性が高く、それはすべて国民負担である。ここを見誤ってはいけない。

トランプ大統領側の事情

トランプ大統領からすれば、対中貿易戦争の最中で中国へのとうもろこし輸出が滞っていたのを日本が吸収してくれるということで大歓迎だろう。

コーンベルトと言われる、アメリカ中西部のとうもろこし生産地域には大統領選挙の激戦州が多く含まれる。地理的にはラスト・ベルト（錆びたベルト）と言われる工業不振にあえぐ地域とかなり重なる。アイオワ、ミネソタ、ミシガン、オハイオ、ウィスコンシン、これらの州はすべて2016年大統領選挙で激戦だった（差が10％以下）地域である。これらの州はアイオワ以外すべて選挙人が10人を超える所であり、一つでも落とすと窮地に陥る。トランプ大統領からすると、正にこの地域に一つでも多くの利益をもたらすことが最も重要なテーマである。その観点からは、今回のとうもろこし輸出はこれ以上望むべくもない案件だっただろう。

第9章
クリアー失敗
日米交渉の結果

この章では日米貿易交渉の結果について述べていきたい。一言でまとめると「こんな条約、見たことない。」と言いたくなるくらい驚きの連続であった。

TPP12に及ばなかった交渉結果

「オバマ以上」、「選挙」、「TPP並み」

トランプ大統領は大見えを切ってTPPを離脱してしまったことから分かる通り、TPP並みの合意では絶対に合意しないことは分かっていた。各種報道を見ていると分かるのは「オバマ以上（の成果）」である。トランプ大統領の頭の中には「オバマが合意したものを蹴飛ばして、自分が再交渉したらもっと良いものが取れた。」とアピールすることが念頭にあった。この執着心は我々の想像を超える。そして、1年後に控える大統領選挙を強く意識した交渉となることも分かっていた。この「オバマ以上」と「選挙」というのが、トランプ大統領側のキーワードだったことだろう。

ビアリッツG7後、報道は悉く「TPP並み」という言葉を使って、政府の公式説明を垂れ流した。これは「TPP12以上に譲歩しなかった」ことを意味しているのであれば、正しい。ただし、「TPP12以下しか取れなかった」という点においては、「TPP並み」とは言えない。

日本はTPP12との見合いでは惨めとしか言いようのない成果しか取れていない。報道による大本営発表垂れ流しはあまりにセンスがなかった。一番慎重だったのは日本農業新聞であった。同紙は農家の方々に直結しているので、大本営発表をそのまま書くことが出来ないのである。

「オバマ以上」の意味

「オバマ以上」とはすべての分野において、オバマ大統領がTPP12で確保した成果上のものを取りに行くということではない。むしろ、成果はTPP並みに取れたが、アメリカが譲歩する部分は極めて限定的にしたことからも分かるように、トランプ大統領にとっての「オバマ以上」は「オバマ以上に取った」ことだけではなく、「オバマ以上に守った」ということもあるのである。

そして、トランプ大統領が成果に執着した分野というのは、ともかく「選挙」が念頭にあったことだろう。

「対等の立場」を求める農業界

今回の交渉を通じて私が興味深いと思っていたのが、農業界、特に肉関係（牛肉、豚肉）の団体のポジションが強くなかったことである。交渉開始前に通商代表部が行ったパブリックコメント、公聴会を見ていても、意外にアメリカの牛肉や豚肉の関連団体が目指す目線が高くなかった。最初から「(他国との）対等の立場（level-playing field)」を求める発言が連発した。これは何を意味しているかと言うと「交渉が長引くくらいなら、成果はTPP並みでいいから早くやってくれ。」ということである。TPP11や日EU・EPAの仕組み上、時間が経てば経つほどアメリカ産品は日本市場で不利になっていく。対日輸出をしているアメリカの各種業界団体はそこまでの追加的な自由化を求めておらず、早期の妥結の方に重点が置かれていたように見えた。

「オバマ以上（に取り、そして守る)」で張り切るトランプ大統領と「対等の立場」での早期妥結を望む農業界とのセットで交渉に臨むと、今回の日米貿易交渉のような結果になるのである。

あまりに非対称的な譲歩

今回の貿易協定は、米国連邦議会における審議・承認を必要としないものとなっていた。根拠規定は、議会が大統領に貿易交渉の権限を一任する法律の中にあり、簡単に言えば、①関税率の削減率が50％以下であることを条件とした関税削減、②関税率5％未満の関税撤廃については大統領権限でやれるという規定である。前述したが、5％以下の関税は、貿易の世界では

「ニューサンス・タリフ（厄介者関税）」と言われ、保護効果が疑わしいので撤廃しようという動きがＷＴＯの中には常にある。

そして、日本はＴＰＰや日米貿易協定で５％以下のものはかなりの部分を撤廃した。ただし、日本は５％以上の関税率も数多く撤廃した。これに対してアメリカ側は、高関税が掛かっている品目についての関税率の削減率は最大でも50％に留まり、関税撤廃については関税率５％未満の品目でしか行っていない。つまり、「たかがその程度の関税撤廃や関税削減ならば、議会審議は要らないから大統領だけでやって構わない。」という観点から大統領に授権されているということである。国内産業保護の観点からの関心は低いのである。

アメリカにおいて議会審議が必要ない協定というのは、「アメリカとして大した譲歩をしていない」ということと表裏一体である。この議会審議を通さない協定となる可能性については、交渉のかなり早い段階から噂されていた。つまり、色々と激しい交渉をしていたように見えていたかもしれないが、最初から「アメリカとして譲歩が少ない協定」であることが日米間で想定されていたということである。これだけでも日本がどれだけバカにされているかが分かる。

協定文（全体が揃うのは英文のみ）を読んでみるとよく分かる。日本側の関税及び関税関連の規定（附属書1）については115ページ、アメリカ側（附属書2）は24ページしかない。ページが多ければ多い程、複雑かつ広範な譲歩をしているということである。例えば、日本側は新規の割当枠の設定等をたくさん行っているが、アメリカ側は新規の割当枠はない。しかも、関税削減の核である譲許表については、日本は51ページに亘る一方、アメリカ側は9ページしかない。日本は51ページ分の品目の関税を削減又は撤廃し、アメリカ側は9ページ分しか削減又は撤廃しなかったということである。「協定は不平等だ」という私の見解に色々と反論される方は居るだろうが、協定文を手にしていただければ、日本とアメリカの約束の度合いの不公平な違いがよく分かると思う。

不平等な関税削減のスケジュール

関税削減のスケジュールについては明確に不平等である。まず、日本側の関税削減については、TPP11と歩調を合わせることとなっている。つまり、平成30年12月30日に発効したTPP11の関税削減スケジュールは、令和元年度（平成31年度）には2年目に入っている。そして、日米貿易協定の関税削減スケジュールについては、令和元年度からスタートとなるわけだが、その段階でTPP11の2年目の関税率となるように調整されている。その他、日本の国会日程等で不測の事態（例・協定の国会承認の遅れ）があろうとも、絶対にTPP11と同じスケジュールで関税削減することを強いる規定も盛り込まれていた。アメリカがTPPを離脱したことにより、日本市場において出遅れたことのデメリットを極めて丁寧に回復してあげる形になる。勿論、アメリカ側の関税削減スケジュールにおいてはそのような事情は一切考慮されていない。これだけでも十分に不平等条約と言えるだろう。歴史的に振り返ってみて、ここまで屈辱的な内容の条約を私は見たことが無い。内閣官房、経済産業省、農林水産省、財務省、そして外務省の担当者に心から同情する。

「ウィン・ウィン」とは言えないバランスの悪さ

交渉開始時の日米共同声明の「農林水産品について、過去の経済連携協定で約束した市場アクセスの譲許内容が最大限であること」というのは、結果の中で確保されている。よく頑張ったと思える部分は勿論ある。それを否定するつもりはない。交渉開始時の共同声明で述べられた日本の農業に対するセンシティビティについては緩やかにではあるものの「尊重」されたと言えるだろう。

しかし、問題はそこではない。前述の通り、交渉開始時の共同声明の時点で、日本はTPP12での譲歩までは約束し、アメリカはしなかった。TPP12で確保したバランスはここで既に崩れていた。その崩れた土俵の上で交渉した結果、たしかにアメリカは日本の農業におけるセンシティビティを緩やかに尊重した。一方、自動車の市場アクセス交渉でアメリカの対応は「すべての要求にゼロ回答」だった。つまり、アメリカの自動車におけるセンシティビティを日本はガチガチに尊重させられたことになる。結果として、TPP12で確保したバランスが二重に失われた。政府は交渉開始時の共同声明はきちんと守っており、「ウィン・ウィン」だと言っている。それは「日本にも取れた部分があり、アメリカ側にも取れた部分がある」という当たり前のことを言っているだけである。検証しなくてはならないのは、取れた分、失った分を含めた全体の得喪の比較である。その視点で具体的に見ていくと、とても「ウィン・ウィン」とは言えない。

意図的な共同声明の誤訳

交渉開始の際、TAGという嘘をつくために共同声明の訳がおかしかったことは述べたが、妥結時の共同声明の訳もやはりおかしかった。

【英語】

With the conclusion of these early achievements, Japan and the United States intend to conclude consultations within 4 months after the date of entry into force of the Japan-United States Trade Agreement and enter into negotiations thereafter in the areas of customs duties and other restrictions on trade, barriers to trade in services and investment, and other issues in order to promote mutually beneficial, fair, and reciprocal trade.

【日本語訳】

こうした早期の成果が達成されたことから、日米両国は、日米貿易協定の発効後、4ヶ月以内に協議を終える意図であり、また、その後、互恵的で公正かつ相互的な貿易を促進するため、関税や他の貿易上の制約、サービス貿易や投資に係る障壁、その他の課題についての交渉を開始する意図である。

大学受験でこの訳を書くと、大幅減点されるだろう。この訳だと「4ヶ月以内に協議(consultations)」が何を目的として、何をやるのかが全く分からないが、英語ではそうは読めない。「互恵的で公正かつ相互的な貿易を促進するため、関税や他の貿易上の制約、サービス貿易や投資に係る障壁、その他の課題についての」は「協議」にも「交渉」にも掛かるはずである。何故、このようなおかしな訳をしたのかがよく分からなかったが、その答えは茂木大臣の記者会見にあった。

【茂木大臣記者会見(令和元年9月25日)抜粋】

まず何をするかというとですね、この日米両国は日米貿易協定の発効後4ヶ月以内に、じゃあ今後その後何について交渉しますか、そういう分野について協議を終えることを意図する、それを目標とする、intend to ですから、そしてその後ですね、互恵的で公正かつ相互的な貿易を促進するため、関税や他の貿易上の制約、そしてサービス貿易や投資に係る障壁、その他の課題についての交渉を開始する意図である、これはすべてやるというよりも、まずある、こうなんと言うか、4ヶ月で終了することを意図する協議の中で、その下に書いてある中のどの部分をやりますか、ということを決めて交渉に入るという形になるわけでありますが、ちなみにこれ関税と書いてありますが、関税の中で書いてありますのは、今回の協定でさらなる協議を行います、明確に決めた項目を想定しておりまして、それ以外の項目というのは想定をいたしておりません。それ以外の品目というのは想定をいたしておりません。

ここで誤訳の理由が見えて来る。つまり、まだ、TAG（物品貿易協定）に引っ張られており、かつ将来の交渉の構図を不透明にしておきたいのである。ここで「関税や他の貿易上の制約、サービス貿易や投資に係る障壁、その他の課題について」協議をして交渉に入ると言ってしまうと、やっぱりTAGではなかったという追及がやって来る。そして、自動車・部品の関税撤廃を日本が求めた際に、アメリカから対価が求められる分野が明らかになってしまう。なので、共同声明の文章をおかしな場所で切って、「協議」については何が対象なのかさっぱり分からないようにしたのである。そして、かなり強引に、今後、何を交渉するのかを4か月以内の協議の中で決めるという論理立てにしようとしている。しかし、この共同声明の英文から到底そうは読めない。今後、行うのは間違いなく包括的な交渉である。

最初に嘘をつくと、どんどん嘘が広がっていくという典型的なケースである。

否定できない密約の存在

今回の合意の中にはかなりの密約がくっ付いていると私は思っている。交渉途中、トランプ大統領のツイートの中には密約が無いと辻褄が合わないようなものがあった。ただ、「密約」はバレてしまっては意味がない。密約を交わしやすい分野は、既存の輸入枠がある品目である。最終的に成立はしなかったが、TPP12交渉において、WTO協定のミニマム・アクセス米輸入枠を使ったコメ密約があったことについては既に述べた。今回、他の品目でも似たようなアプローチがあるのではないかと私はかなり疑っている（後述の通り、脱脂粉乳・バターの追加輸入の運用など）。

ただ、こればかりはすぐには検証しにくいのが現実である。数年経ってみてアメリカ産のシェアが固定化してくることを通じて密約がバレバレになるのは、既にミニマム・アクセス米の米国産シェアで証明済みである。ただし、どうしても協定発効から数年経って統計を見ないと具体的には確認出来ないことから現時点では判断が難しい。

署名式の風景から見えること

２０１９年10月７日、最終的に日米貿易協定とデジタル貿易協定はホワイトハウスで署名された。ライトハイザー通商代表がアメリカ側署名者だったが、チャオ運輸長官、センスキー農務副長官も出席していた。興味深かったのは、連邦議会からモンタナ州選出上院議員、テキサス州で保守層が強い地域選出、保守層が強いオクラホマ州選出の下院議員が出席していたことである。更にはノースダコタ州知事、ノースカロライナ州副知事、アイオワ州副知事も駆け付けていた。この顔触れを見て思ったのは、「やっぱり『肉』の位置付けは高いのだ。」ということだった。これらの関係者の地元は牛肉や豚肉の大生産地であり、大統領選挙での激戦州がかなり含まれている。

その他、アメリカ側は農業の各種業界団体を始めとして情報産業等の関係者が多く集っていたようである。署名式においてトランプ大統領は多くの関係者の名前を呼んで、支離滅裂な内容ではあるもののアピールをしている。一方、日本側で駐米大使が紹介した日本関係者は東芝から1名、三菱商事から2名のみである。あまりにメリットが少なくて、東京からでもワシントンでの署名式に駆け付けようという人が居なかったし、現地法人社長ですら出席するインセンティブが無かったのではないかと思う。圧倒的にトランプ大統領のアピールの場となり、日本側のプレゼンスが殆ど無い署名式を想像するだけで、この協定の日本にとっての出来栄えが透けて見えそうである。

国際通商法上の問題点

率先してルールから逸脱する日本

この日米交渉の結果は、国際通商法上の問題も孕んでいる。ここはちょっと小難しいがお付き合い願いたい。

世界の貿易の基本的ルールであるWTO協定においては、「みんな平等（最恵国待遇）」が基本であるが、「関税等を実質上すべての貿易について撤廃」するのであれば「あなただけ優遇」を認めている。TPPも、日EU・EPAも、今回の日米貿易協定もすべてこのルールによる例外という扱いである。さて、ここで問題になるのが「実質上すべての貿易」というのはどの程度の貿易量を指すのかということである。これについてははっきりとしたルールは無いのだが、国際的な相場観として「9割」とされている。

今回の日米貿易協定では、関税の撤廃率は金額ベースで日本側が約84％、米国側は約92％と説明している。しかし、自動車・部品を外すとアメリカの撤廃率は70％を大きく下回る。一応、日米協定の中には将来の交渉で撤廃という趣旨のことは書きこまれており、政府は「将来、撤廃すると言っているのだから、内枠でカウントして何が悪い？」という姿勢のようであるが、これは条約の考え方としておかしい。

あまり知られていないが、WTO協定には、FTA／EPAを締結する時、関税をいつまでに撤廃しなくてはならないのかを定めたルールがある。WTO協定の一部である「1994年GATT」に、自由貿易協定を作るための「妥当な期間」については、「例外的な場合を除く他、10年を超えるべきでない。」という解釈了解がはっきりと定められている。勿論、例外的な場合には長い期間での撤廃となることを許容してはいるものの、この規定から、いつ撤廃されるのかが分からないものまで撤廃にカウントしていいとは到底読み取れない。自由貿易協定を作るという掛け声だけで関税撤廃のレベルが低い状態をダラダラと継続しないため、もっと言うと、今回、日本が行っているような主張を許容しないためにこのような解釈了解が設けられたのである。日本がWTO協定の精神を先頭切って没却するようなことをやっているということになる。

品目別に交渉結果を評価する

紛争解決の手続

個別具体的な品目に入る前に、私が不気味に思った点に触れておきたい。この協定には紛争解決手続の規定が無い。協定には「解釈で拗れたら協議しましょう」とだけ書いてある。たしかにトランプ大統領は、WTOの紛争解決に否定的であるのみならず、中立な第三者による紛争解決を二国間FTA／EPAで盛り込むことにも否定的であった。USMCA交渉の際、カナダにとって重要なテーマの一つがNAFTAの紛争解決手続の仕組みを死守することだった。トルドー首相がこの点を強調していたのを見て、首脳レベルで強い問題意識を持つくらいカナダにとっては紛争解決手続の仕組みが重要なのだと改めて思った。

今回の日米貿易協定は関税の引き下げだけなので、紛争解決が必要になる局面は無いだろうということなのかもしれない。政府は恐らくそう説明するだろう。しかし、ことはそう簡単ではない。日米貿易協定には安全保障例外が定められている。安全保障の懸念から、貿易制限を掛けることを認める規定である。これ自体はよくあるものだが、トランプ大統領が自動車への高関税を掛ける根拠として挙げているのは正に安全保障上の懸念である。アメリカが日本の自動車に高関税を課した時、協定における「安全保障（例外）」の解釈が問題になり得る。しかし、日米貿易協定ではその解決手段はトランプ流ディールしか無い。第三者による公平な解決は存在せず、「力比べ」のディールだけが残る。そういう状態が嫌なので、カナダのトルドー首相は必死で抵抗したのである。このカナダの動きから我々が学べるところはあるのではないだろうか。自動車の追加関税との絡みは後で詳述したい。

農産品全体

協定文をよく読んでみると、日本側の約束の所に「アメリカ合衆国は、将来の交渉において、農産品に関する特恵的な待遇を追求する。（附属書I第B節第一款5）」という奇妙な文章がある。附属書I第B節というのは、とても技術的なことが書かれている部分である。こういう大半の人は見落とす場所に、あまりに不自然な形でこの文章が入っている。

しかも、「交渉」、「関税」、「削減」、「撤廃」という用語が使われていないので見落とされがちである。当初はアメリカからもっと露骨な内容の提案があったものを、必死に分かりにくい表現に落としたことを窺わせる。しかし、普通に読むと、これは将来の交渉でアメリカは追加的に農産物の関税削減・撤廃を求めて来るとしか読めない。通商法で「特恵的な待遇（preferential treatment）」というのは、特定の国に対して関税を下げる、輸入枠を拡大するといったことを指す。そして、日米間でそれが可能なのはＦＴＡ／ＥＰＡの枠組みでしかない。

つまり、日米貿易交渉の追加交渉である。

安倍総理や茂木外相は「アメリカが『追求する』と思っていることを書いただけ。日本が何かを約束したわけではない。」といった説明をしている。しかし、国際約束に当事者の一方的なモノローグを書くことはない。しかも、この文章が出てくる附属書I第B節は「日本国の関税に係る約束」に関する部分である。単なるアメリカ側のモノローグではない。アメリカが農産品に関する特恵的な待遇を追求することを日米貿易協定に書くことに、日本は合意したのである。逆に言うと、日本が徹頭徹尾反対していたなら、その部分は協定には書かれなかったはずである。そうである以上、この規定には当然、法的効果が生じ得る。本書で何度も書いているが、日米間ではこういう同床異夢的な曖昧表現が一番良くないのである。

コメ――日米の認識が完全にかけ離れた品目

日米貿易協定の成果として、アメリカ側が明確にTPP以下で妥協した部分がある。それは「コメ」である。TPPでは5万トンからスタートして最終的に7万トンまで増やす、アメリカ向け輸入枠（SBS方式）で合意していたが、日米貿易協定ではこれを廃止することで合意した。前述の通りオバマ大統領は50万トンの輸入を求めたのと比べると、トランプ大統領の関心が低いことがかなり見て取れる品目であった。

少しおさらいしながら説明していきたい。

ＴＰＰ12においてアメリカ産米について合意されていたのは、①5万トンからスタートして最終的に7万トンまで増やす輸入枠（ＳＢＳ方式）、②既存のミニマム・アクセス輸入米の内、6万トンについては中粒種・加工用で輸入（ＳＢＳ方式）するように輸入方式を変更する、という二つであった。②については、アメリカとは関係なく、「国内の需要動向に即した輸入や実需者との実質的な直接取引を促進するため」というのが理由だったが、6万トンの80％（4・8万トン）はアメリカから輸入するという密約があるとされていた。

ただし、ＴＰＰ12が発効しなかった際、この二つはいずれも発動されなかった。①は元々アメリカ向け輸入枠だったので発動しないのは当然であるが、②については「国内の需要動向に即した輸入や実需者との実質的な直接取引を促進するため」であれば、ＴＰＰ11発効時に発動するべきものである。しかし、②を発動しなかったのは、密約が背景にあり、日米貿易交渉でアメリカから譲歩を引き出すためのタマとして残したと見るのが常識的な線だった。むしろ、ＴＰＰ11発効時に②が発動されなかったことで、前述の「密約の疑い」が「密約」として確定したとも言える。

この内、①はカリフォルニア州産米、②はアーカンソー州産米が該当する。①は主食用が想定されているため、SBS方式で輸入すれば間違いなくカリフォルニア・ローズになる。逆に、②はかなり特殊な用途指定があり、TPP合意時、オバマ政権は南部アーカンソー州のコメを充てることを考えていたと言われている。

しかし、最終的な日米協定でトランプ大統領は①も②も追わなかった。民主党のオバマ大統領にとってコメはとても重要な品目であるが、共和党のトランプ大統領にとっては重要性が高くないのである。カリフォルニア州は民主党の金城湯池で、上院議員は2名とも民主党、下院議員は53名中46名が民主党。大統領選挙ではカリフォルニア州の選挙人55人は確実に民主党候補に行くというのが現状である。特にコメの産地のサクラメント周辺はどんなに揺さぶっても民主党地盤は揺るがない。そんな状況でカリフォルニア・ローズに配慮しても、来るべき選挙で何のプラスも無いのである。逆にアーカンソー州は上院議員2名、下院議員4名はすべて共和党で総取り、大統領選挙でもトランプ大統領が確実に取れる州である。こちらもあえて日本とのディールの材料として要求する程の価値はないと判断されたのだろう。つまり、大統領選挙という意味では、基本的にコメは大事な作物ではない。

日本は、②での譲歩を呼び水にして、(コメに限らず、いずれかの分野で) アメリカ側から何らかの譲歩を獲得したかっただろうが、密約を念頭に置いて残したタマは交渉上、殆ど機能しなかった。日本にとっては、②は既存のミニマム・アクセス米の輸入枠の運用変更に過ぎないので、実は日本にとっての追加的負担が相対的に少ない。②で設定される6万トンは今でも何らかの形で輸入されているものである。場合によっては、(非常に国費への負担が大きい) 援助用のコメを加工用・中粒種のコメに転換することで、コメ輸入に関する国費負担が下がることすら期待できたかもしれない。これを出すことで何か別のものが取れるのであれば、日本として積極的に提供したい譲歩だったと思う。しかし、それでもトランプ大統領は食い付かなかった。

日本にとっては「コメ」は非常に重大なテーマであり、コメの輸入の負担を下げることの「値札」はとても高い。しかし、アメリカにとっての「値札」はあまり高くないのである。この「値札」の違いが交渉の構図に大きく影響しているというのは、過去のウルグアイ・ラウンド交渉から現在に至るまで変わらない。特に共和党のトランプ大統領からすると、選挙との関係で関心が高くないということが大きいが、そもそも論として、コメの対日輸出削減をディールの材料として日本に高く売り付けることも出来るのであれば高く売り付けたい、ただ、日本側がアメリカ産米の輸入増をディールの材料として高く売り付けようとしても買う気は毛頭ない、そんな感じで見ているのである。

このコメの輸入枠廃止は単体としてみるのであれば、交渉の成功部分の一つである。しかし、一つ気になるのは、トランプ大統領にとっては値札の安いコメの無税枠廃止という譲歩を、日本が高値で買っている可能性である。この輸入枠廃止が何とディールされたのかは分からないが、日本による別の所での譲歩とセットになっていることは間違いない。コメ余りが慢性化している日本のコメ事情を考えると、輸入枠廃止という譲歩は高く買わざるを得ないのが現実である。

ただ、TPPで合意していたコメの輸入枠を削減すれば、国内備蓄に回すコメが減るので財政負担がかなり軽減される。国内でのコメの消費量が減っていく中、WTO協定上のミニマム・アクセスであろうと、TPPであろうと、日米貿易協定であろうと、コメの輸入の影響を相殺しようとすると本当に財政負担が重く乗って来る。なので、少しでも減らせると大きな国民負担軽減となっていく。ここは忘れてはいけない視点である。

牛肉

関税削減は、TPP11の諸国と同じペース、同じ水準で行われることで合意した。

交渉大筋合意前後から、牛肉については「セーフガード（輸入急増時の関税引き上げ）が重要だ。」という話が出ていた。これはＴＰＰで設けたセーフガードの発動水準は、発効直後が59万トン、16年後には73・8万トンで設定されていた。このセーフガードが国内の肉牛生産保護の効果を持つことはあまり考えられないという点は指摘した。ましてや、アメリカが抜けたＴＰＰ11ではセーフガード発動の可能性はゼロである。

その上で、日米では協定発効時24・2万トン、最終的には29・3万トンをセーフガード発動水準にすることとした。概ねＴＰＰ11での発動水準の4割程度である。しかし、平成30年のアメリカからの牛肉輸入は25・5万トンであることから、このままでは協定発効1年目からセーフガードが発動される可能性が極めて高い。裏取引が無いのであれば、非常に奇妙な合意に見えて仕方がない。日米合意の中で一番釈然としなかった部分である。いずれにせよ、この仕組みであれば、アメリカからの輸入がセーフガード発動基準に近付いてくると、日本の輸入業者が自主規制して、アメリカからの輸入を新年度に遅らせたりＴＰＰ11諸国（カナダ、ニュージーランド、オーストラリア）からの輸入を増やしたりすることで、対米セーフガード発動を避けようとするだろう。このような形で、輸入業者に自主規制をしながら制度の間を泳ぐのを強いることは本来、非常に望ましくない。

また、ＴＰＰでは日本からアメリカに３０００トンの牛肉を無税で輸出出来る枠を確保していたが、これは日米交渉では採用されなかった。この代わりとして、元々アメリカが提供していた６４８０５トンの牛肉の低関税輸入枠に日本を加えてもらうことで合意された。この枠はアイルランド、ニカラグア、コスタリカ、リトアニア、ホンジュラスに対して提供されていたものであるが、年によって充足率が変化しており、低い時は50％を切ることもある。ここに日本が入れてもらえることになった。

トランプ大統領からすると、３０００トンの新規無税輸入枠を提供せずに済む、日本からすると既存の６４８０５トンの内数としてではあるが輸出可能性が広がる、そんなシナリオを描いたのであろう。しかし、日本固有の枠ではないことから、どの程度の輸出が可能なのかすら想像がつかない。勿論、６４８０５トンを日本が独占できるわけではなく、そもそも、日本が１トンも輸出出来ない可能性すら論理的にはあり得るのである。茂木大臣は（現在既に日本が確保している）２００トンの輸出枠と６４８０５万トンを足して、「６５００５万トンの低関税枠へのアクセスを確保いたしました。現状より３００倍以上の拡大ということになるわけであります。」と記者会見で言っているが、さすがにここまで言うと詐欺的な誇大広告である。

豚肉

豚肉についてもＴＰＰ並みである。これについて、日本の報道ではＴＰＰ11や日ＥＵ・ＥＰＡで関税が下がったことによってアメリカ産が不利になっていたが、これでまた対等の条件が確保されるようになるのでアメリカン・ポークの輸入が増えるといった分析が大半である。しかし、既に詳述した通り、コンビネーション輸入が続く限りは、ＦＴＡ／ＥＰＡがあろうがなかろうが輸出国間の競争条件は大して変化しない（仮に変化するのであれば、過去に類似の関税削減をした日メキシコＥＰＡによってメキシコ産豚肉は日本市場で相当優位に立ったはずであるが、実際はそうなっていない。）。そして、現在、アメリカ産が不利になっているのは競争力が高過ぎるためコンビネーションが組みにくいことがある。メディアの分析は悉《ことごと》く間違っているのである。

つまり、今後はこうなる。日米貿易協定が発効してもアメリカ産の輸入の競争条件は当面何も変わらない。したがって、関税削減に伴うアメリカ産ポークの輸入の増減は殆ど無いだろう。しかし、差額関税の税率が125円／kgから50円／kgまで下がっていく過程のどこかで、コンビネーション輸入をするよりも低価格部位のみを単体で購入する方が選ばれるようになる。そうなると、堰を切った様に部位毎の単独輸入に切り替わっていくと思われる。結果として、少なくとも低価格部位についてはアメリカ産の競争力が高いので、他国からの輸入を圧倒するようになるだろう。ただし、現在、コンビネーション輸入によって引き取っている高価格部位については、今よりもアメリカ産を始めとする外国産ポークに対する需要が下がる可能性が高い。

アメリカ産豚肉の優位性が出て来るのは、協定発効直後ではなく、125円／kg↓50円／kgに関税が徐々に下がっていく内の「どこか」で突然にコンビネーション輸入の意義が失われる時である。そして、その「どこか」に到達するまでは、他国産豚肉との関係で劣位に置かれる。

交渉開始時におけるアメリカの豚肉業界の要望を見ていると、「対等な条件」を求めるものが多かったことは既述の通りである。従来、生産者団体は差額関税撤廃を要求していたが、今回、アメリカ政府として差額関税制度の撤廃を求めなかったのは、差額関税制度でボロ儲けしているミートパッカーが、制度そのものの撤廃を望まなかったということが背景にあると見ている。

ただし、話はここで終わらない。アメリカのミートパッカーは「50円／kgの水準でもコンビネーションは続く。」という農林水産省の説明を信じている節がある。前述の通り、この説明は完全に間違っている。関税削減の過程でコンビネーションが成立しなくなる時、アメリカのミートパッカーの期待感とは違う方向にマーケットは動くはずである。つまり、(アメリカが最も競争力の高い)低価格部位への需要は高まるが、(アメリカでダブつきがちな)高価格部位については需要が下がるということになる。

要約すると、日本は差額関税制度堅持という建前を大事にした、アメリカもコンビネーションによるボロ儲けと(高価格部位の)在庫処分の仕組みを維持したことになっている。そのツケは国民負担である。ここまでは日米での緩やかな共謀が成立している。ただ、関税削減後もコンビネーションが維持されることで、日本の養豚農家は差額関税制度は維持されると信じ、アメリカのミートパッカーはぼろ儲けの構図を維持できると信じている。しかし、それらの思いはいずれすべて裏切られるのである。

脱脂粉乳・バター

私が少し眉に唾を付けながら見ているのが、脱脂粉乳・バターである。今回の結果は「新しい米国枠は設けない」となっている。しかし、TPP11に新規枠を出している以上、米国が何も求めなかったとは考えにくい。しかも、元々アメリカ産をも含んで設定したTPP11枠を全部ニュージーランド、オーストラリアに持っていかれたら、アメリカ産の出番はかなり下がる。実際、協定妥結後にアメリカの酪農地域であるウィスコンシン州の連邦議会議員が交渉の成果に不満を述べるレターを出している。ウィスコンシンは2016年大統領選挙において、超僅差（1％以下の差）でトランプ大統領が勝った大激戦の地域である。トランプ政権として何もやっていないとは極めて想像し難い。

今、脱脂粉乳・バターについては国内での不足時に対応する追加輸入が恒常化している。WTO協定で譲許した数量とは同じ枠にまとめた上での輸入となっており、かなりの数量の輸入となっている。このWTO協定で約束した数量以上の追加輸入分については、国際的なルールが掛かりにくい部分であり融通を利かせやすい。私はこの追加輸入の運用においてアメリカを優遇することで話が付いているのではないかと見ている。ただし、これは私の推察でしかないので、誤っていた時はご容赦願いたい。

自動車①――取れなかった関税撤廃

大筋合意直後、普通車2・5％、ライト・トラック25％の自動車関税に関して政府が出したメッセージには「継続協議」と「断念」の二つが混在していたことは既に述べた。

ただ、一つ確実なのは、今回の合意では自動車については一切の関税削減・撤廃が取れなかったということである。ライトハイザー通商代表は「我々は自動車関税、部品関税は（協定に）含めなかった」とはっきり言っている。そして、将来における制裁的な高関税の可能性についても蓋をすることが出来なかった。色々と政権は言い訳をしているが、何を言おうともこの2点は事実として確定している。

まず、日本として取りたかった自動車本体の関税撤廃については、農産品等の他の分野でアメリカに成果を刈り取られてしまったにもかかわらず、日本は自動車での成果を確定させられなかった。である以上、日本政府は色々とお化粧をした修辞を尽くしているが、今後の結論は「（事実上の）断念」という一択である。交渉の構図として、日本がアメリカに何を要求しても、アメリカ側がそれを聞く道理はもう無いことは容易に分かるだろう。唯一の可能性があるのは、農産品での追加譲歩か、物品貿易以外の分野（知的財産権、政府調達等）での追加譲歩をする時だけである。

ＴＰＰ12では、自動車本体は超長期での関税撤廃、自動車部品については即時関税撤廃が取れていたのと比べれば、何も確定させられなかった日米貿易協定との間には雲泥の差がある。共同声明で言う「米国の自動車産業の製造及び雇用の増加を目指す。」という表現は、結果から振り返って、アメリカ流に翻訳すると「自動車本体及び部品の輸入で関税削減を一切しない。」という意味だったのである。たしかにアメリカが関税を下げて、日本が自動車や部品の輸出を増やせば、アメリカ国内の製造及び雇用の増加には繋がらないだろう。ただ、そこまで拡大解釈するとも、私自身、当初は思っていなかった。結局、日米保険協議における「激変緩和措置」と同じである。曖昧な表現を確定させる交渉過程で全部押し切られた。蟻の一穴のように見える所から大洪水が起きたのである。

安倍総理は、TPP12での自動車の関税撤廃が超長期（普通自動車25年、ライト・トラック30年）となったことについて、TPP妥結直後に次のように答弁していた。方向性としては「アメリカへの完成車の輸出は少ない。日本製の部品を輸出してからアメリカでの現地生産が多いのだから、そちらはしっかり獲得してきた。」ということである。

【衆議院予算委員会（平成27年11月10日）議事録抜粋】
○安倍内閣総理大臣　（略）韓国で販売する車においては、韓国は七割は輸出でありますが、日本は二割、日本車については二割にすぎないわけでありまして、日本で大切なのは自動車部品、部品についての関税撤廃を獲得することであって、それはしっかりと獲得している、こういうことであります。（以下略）

日本の自動車産業で頑張っておられる方にとっては決して納得できるものではないだろうが、日本からアメリカに部品を輸出して現地で生産することにビジネスチャンスを見出すとの理屈が理解できないわけではない。そして、日本は自動車部品の関税撤廃をフルに活用して、部品で稼ごうと言われれば、日本人は頑張る民族である。しかし、TPP12妥結時の答弁との見合いで日米貿易協定を見ると、今回の結果は「何も取れていない」のである。これでは夢もへったくれもない。

そして、将来的な自動車＋部品の関税撤廃については、共同声明では「他の関税関連問題の早期解決に努める」と言うのみであった。アメリカに本当にやる気があるなら「他の関税関連問題を早期に解決する」と書くはずである。そして、外交文書では「努める」とは「努力はするが、実現出来なくても問題なし」ということを意味する。実際、協定文では、アメリカ側の約束の所には「Customs duties on automobile and auto parts will be subject to further negotiations with respect to the elimination of customs duties.（自動車及び部品の関税は、関税撤廃に関する将来の更なる交渉の対象となる。）（附属書Ⅱ一般規定7）」と書いてある。日本が切望する自動車や部品の関税撤廃は、将来の交渉対象にはなることは間違いないが、現時点でアメリカ側が関税撤廃を約束したものとは到底読めない。茂木大臣は「with respect to」に「〜を前提として」という訳を充てて、自動車・部品関税の撤廃の実現が前提だと強弁していたが、「with respect to」にそこまでの含意は無い。「with respect to」のそのような訳を充てた国際条約は過去に一つも無い。どうしてもそういう意味を与えたいのなら「for the purpose of（〜を目的として）」くらいの英語を充てるだろう。国会答弁で誤った英語の読みを必死に説明せざるを得ない茂木大臣の姿は見ていて哀れだった。ただし、好意的に見るならば関税撤廃に向けた不退転の決意を述べたものと見ることも出来ないわけではない。

自動車②——回避できなかった制裁関税

もう一つのテーマである制裁的な高関税の可能性についてであるが、こちらについても、交渉において、トランプ大統領が近い将来、日本の自動車に制裁的な高関税を課してくる可能性を塞げなかった。ビアリッツでトランプ大統領が「私がもしやりたいと思えば、後になってやるかもしれない（It's something I could do at a later date if I wanted to）」と発言したのがすべてを語っているだろう。

大筋合意後の茂木大臣や政府関係者の発言を聞いていると、「自動車の関税については最終的には撤廃を取り付けたい」、「交渉継続中は高関税を課さないように約束させたい」、と色々なメッセージが出て来ていた。自動車関税では全く詰め切れていない状態で大筋合意したことがよく分かった。そして、一番のディールの瞬間である大筋合意時に確保できず、当然交渉結果として結実しなかったものが、今後のやり取りで確保出来るとは到底思えない。

そして、共同声明では「日米両国は、信頼関係に基づき、日米貿易協定及び日米デジタル貿易協定を誠実に（faithfully）履行する。日米両国は、これらの協定が誠実に履行されている間、両協定及び本共同声明の精神に反する行動を取らない。また、日米両国は、他の関税関連問題の早期解決に努める（make efforts）。」となった。これを以て、自動車の制裁的な高関税は回避されたと政権は主張しているものの、外交文書の視点から見ると何の保証にもなっていない。

まず、ここで言う「誠実に（faithfully）」には何でも引っ掛けることが出来るが、アメリカが貿易赤字と絡めて来る可能性は常にある。経済学的に見れば、アメリカの貿易赤字は国内の消費、投資、貯蓄といった要素の上に生じているものであり、日本側の責任に帰せられるものではない。そして、この日米貿易協定によってアメリカの対日貿易赤字は減らないだろう。しかし、アメリカの貿易赤字が減らなければ「誠実でない」と吹っ掛けて来るのは、昔から同じである。貿易赤字に関する経済学的な説明が通用する相手ではない。

法的に見た追加関税の可能性

日米貿易協定の全体像をよく見ていると、制裁の可能性が残っていることが明確に分かる。安全保障例外規定である。世界の貿易ルールの基本を成すＧＡＴＴには、自由貿易の例外として安全保障例外（ＧＡＴＴ21条）がある。ただし、ここでの安全保障例外は条件が極めて厳しく、核物質や武器弾薬の取引、戦時中の措置等を自由貿易の例外とすることに限定される。この規定では、トランプ大統領が安全保障を理由として自動車輸入に制裁的な関税を打つことは正当化出来ない。

一方、アメリカが関与するＦＴＡ／ＥＰＡでは、この安全保障例外の適用条件が大幅に緩和されている。初導入は２００４年に妥結した米豪ＦＴＡである。米豪ＦＴＡではアメリカ式の緩和された安全保障例外となっているが、日豪ＥＰＡでは厳格なＧＡＴＴ21条の安全保障例外を準用していることから、この規定はアメリカが強く求めているのだろう。9・11以降のアメリカにおける安全保障意識の高まりが影響したのだろうか。なお、アメリカが脱退したＴＰＰ11においても、このアメリカ式安全保障例外は残っている。

これは簡単に言うと、アメリカが安全保障上問題だと思えば自由貿易の例外とすることが出来るということである。ＧＡＴＴ21条に比べて、発動の自由度が相当に高い。ＦＴＡ／ＥＰＡ

を締結するくらい近しい関係なのだから、信頼関係はあるし、安全保障を理由に自由貿易を停止しなくてはならないことなどそうそう起こらないだろうという想定が背景にある。このアメリカ式の安全保障例外は、ブッシュ大統領時も、オバマ大統領時も常にアメリカが締結するFTA／EPAのスタンダードであり、それ程の問題を惹起することはなかった。しかし、その意味合いがトランプ大統領になって大きく変わった。アメリカ式の安全保障例外では、トランプ大統領が考える追加関税がすべて協定上合法化されるということになるのである。

つまり、日米貿易交渉において、このアメリカ式の安全保障例外を認めるということは、トランプ大統領的追加関税を合法化するという意味合いがある。昔から（アメリカが締結するFTA／EPAの）雛形として使われていたものだからといって、トランプ大統領が追加関税の脅しを掛けている中、これを軽々に受けるべきものではなかった。しかも、日本にとって更に深刻なのは、前述の通り、日米貿易協定には紛争解決手続が一切整備されていないということである。これまでアメリカが締結したFTA／EPAにはすべて紛争解決手続が整備されている。仮にトランプ大統領が安全保障例外を理由に追加関税を打った場合でも、紛争解決手続が整備されていれば協定解釈について独立した第三者による判断を求めることが出来るが、日本にはその術はない。協定上、追加関税を打つことを容認し、打たれた時の解決方法が整備されていないというのが日米貿易協定なのである。

到底役には立たない「口約束」

　安倍総理は、必死に「トランプ大統領から『追加関税が課されない』ことを確認した。」と話している。9月国連総会時の首脳会談での口頭発言の紹介である。しかし、前述の通り、追加関税合法化の仕組みを盛り込むことに安倍総理は合意している。また、そのトランプ発言が将来的に検証可能でなく、国際約束としての意味を持たない以上、意味のあるものとは思えない。しかも、安倍総理はかつてTPP審議の際「交渉経緯など表にすべきではない。」、「経過より結果」、「妥結した結果がすべて」、「審議するのは条約そのものと関連法案」と言い、交渉過程で相手の言った発言を重視しない姿勢を強く打ち出していた。安倍総理の姿勢は首尾一貫していない。そして、トランプ大統領との交渉経緯を協定解釈の根拠に出すのであれば、交渉経緯はつまみ食いではなく、すべて出してもらう必要がある。都合の良い所だけではなく、きちんと全開示して、まだ表に出て来ていない部分の経緯も教えてもらわないと辻褄が合わない。そして、それは無理である。これらを合わせて考えると、「トランプ大統領から『追加関税が課されない』ことを確認した。」というのは無理筋の説明に過ぎない。よく思い直してみよう、とうもろこしについてトランプ大統領は「日本が買う」と明確に言ったのである。何故、皆が実際に聞いた「とうもろこしに関するトランプ発言」は日本にとって影響なしと言って逃げ、誰も聞いていないので確認できない「自動車に関するトランプ発言」は交渉結果の補強材料となり得るのだろうか。

また、ライトハイザー通商代表にしても、共同声明署名時に高関税を発動する意思はないとは述べているが、はっきりと「At this point（この時点では）」というヘッジを明確に掛けている。逆にヘッジがはっきりし過ぎて、将来に対するコミットメントが無いことが強調されてすらいる。明日、1ヶ月後、半年後、1年後にどうなっているかについては何のコミットメントもないのである。色々と政府は言い訳をしているが、外交の世界では、文書として書いていないことは約束としては存在しないのである。

ワイン

交渉の終盤、カリフォルニアの民主党連邦議会議員がワインの関税即時撤廃を強く求めるレターを大統領と通商代表部に出していた。日EU・EPAでワインが即時撤廃になったことでの焦りはかなりあったと聞いている。

これらの動きを踏まえ、通商代表部が議会対策上、カリフォルニア産ワインの関税即時撤廃を強く日本に要求しているという報道があった。下院では民主党が多数を握っており、二元代表制のアメリカではトランプ大統領といえども議会を完全無視しては何も通らない。ペロシ下院議長がカリフォルニア選出であることも踏まえれば、議会対策上、ある程度は民主党の要望も聞いてあげないといけない状況にあるという見立てであった。

しかし、最終的にワインの関税については、発効後8年で関税撤廃するというＴＰＰの撤廃のペースにアメリカを乗せることで合意した。ＴＰＰと変化なしである。既に撤廃したチリ、フランス、スペイン、イタリアのワインとの差は厳然と残ることになる。同時並行的に下院民主党主導で進んでいた大統領弾劾の件が影響しただろう。そして、トランプ大統領からすると選挙で勝てる見込みゼロのカリフォルニア州の話は相対的に関心が低いことを窺わせる。ワインの話で成果を得るために頑張っても自分にプラスが少ない、敵に送る塩など無いという冷徹な判断を見て取ることが出来る。

デジタル貿易

この部分は「よくやった」と言っていいのではないかと思う。数少ない称賛できる部分である。過去20年程度で爆発的に拡大している分野ではあるが、貿易ルールとして取り込めている部分は限られていた。本来であればＷＴＯドーハ・ラウンド交渉で進めて、世界全体のルール作りをすべきだとは思うが、同交渉自体が瀕死状態であるのみならず、多数国間交渉、複数国間交渉で収拾がなかなか付きにくく、貿易ルールの世界では放置されていた。ただ、一定のたがを嵌めるためのルールが必要であることは広く認識されていた。

今回、日米で合意できたデジタル貿易の分野はまだ限定的である。デジタル製品への非課税、最恵国待遇、電子署名の有効性確認、ソフトウェアのソースコードやアルゴリズムの移転要求禁止等、暗号法に関する情報の移転要求禁止等が規定されており、守るべき最低限のルールを日米が共同で世界各国に提示したものと私自身受け止めている。この日米合意がデファクト・スタンダード（事実上の世界標準）になり、よりレベルの高い合意へと繋がっていくことを心から願う。ただし、SNSによる情報のやり取りによって生じた損害について、SNSのサービス・プロバイダーに責任を負わせないという趣旨の規定が今回の協定には盛り込まれているが、これについては、サービス・プロバイダーの管理責任を重く見るEUはそう簡単には受け入れないだろう。

忘れてはいけない「前払い」――TPP時のかんぽ、ゆうちょ

前書きで書いた通り、TPP交渉入り時、日本はかんぽ生命のがん保険への参入やゆうちょの住宅ローンを認めないことを「前払い」として出している。その後、本件は殆ど動かず、むしろ、かんぽとアフラック社との連携強化が行われた。これらはTPP12における日米間での取引の一部を構成しているはずである。

ＴＰＰ交渉に加わる時の前払いではあるが、これらの措置は偏《ひとえ》にアメリカから求められたものである。ＴＰＰ12からアメリカが脱退した以上、本来、筋論から言えばこれらの譲歩は日米貿易交渉の際のバランスに乗せるべきものである。しかし、もうそんなことを覚えている人も居ないし、そんなディールが成り立つはずもない。

ここは教訓としておく必要がある。かんぽ、ゆうちょでの譲歩をしたことによりＴＰＰ12への交渉入りが成立した。しかし、それを主導したアメリカはＴＰＰ12には入らなかった。取られ損と見るべきものである。それを取り戻す手段はもう無いし、その事実自体が忘却の彼方にある。これは今後の追加的日米交渉にも同じことが言える。「前払い」や「アーリーハーベスト」が危険なことを如実に物語っている。一度、切って確定してしまったカードは、後で交渉のバランスに乗せようとしても絶対に乗らないのである。

「首相の一日」に加わってきた省庁

トランプ大統領は「(狭義の)貿易」というカテゴリーで物事を見ていないということは明らかだった。何でもいいからアメリカ産の品が売れて、アメリカにカネが還流すればそれでいいのである。

私が継続的に日米交渉をフォローしている中で、ある時から変な現象が起きていた。各新聞の政治欄に載っている「首相の一日」において、経済担当外務審議官、経済産業審議官、農林水産審議官といった次官級の官僚が揃って総理面会をしている時はアメリカとの二国間交渉について協議していることが分かる。ある時からこの総理官邸での協議に防衛審議官、国土交通審議官といった次官級官僚が必ず入るようになってきた。通常、この手の二国間貿易交渉について協議する際に加わることがあまり想定されない官庁である。直感的に防衛審議官はF-35の大量購入やイージス・アショアといった防衛装備品の購入、国土交通審議官については幾つか可能性が考えられるが私は鉄道関係（ワシントン〜ニューヨークの高速鉄道）だと感じた。交渉初期の段階から「霞ヶ関総動員でタマ作りをやっているのだな」というのは容易に想像出来た。

今回の日米貿易協定について、協定そのものはTPP12での譲歩の範囲内に収まっているとの一点で押して説明してきた。ただ、その体裁を整えるために協定外での取引が相当にあることを窺わせる。あれだけ防衛審議官と国土交通審議官が頻繁に呼び込まれているにも関わらず、何もないはずがないのである。そして、今後、ポツポツとこれらの案件が表に出て来ると思われる。これらはルールとして結実するものではないことから、自由貿易交渉と呼べるようなものではなく、むしろ単なる商取引に過ぎない。そして、繰り返しになるが、商取引をくっ付けないと成立しない貿易協定というのはいびつである。

影響試算

出遭えない「信用可能な試算」

TPP12の交渉開始時から現在に至るまで、政府が出す影響試算の中で信用可能なものに出遭ったことが無い。ただし、公平性の観点から言っておくと、TPP交渉入りを検討する際の民主党政権が出してきた数字も酷かった。つまり、誰がやってもダメだということである。

どの影響試算でも以下の欠点が特筆される。

①農林水産業だけ切り離して行った分析を、全体の分析モデルにはめ込むので、経済全体を分析したものにはならない。
②農林水産業の分析が、あまりに極端である。

交渉体制の一元化をとても高く評価していることは前述の通りであるが、この影響試算については一元化できなかった。露骨に農林水産省の縦割りが前面に出て来る。そもそも「農林水産業」だけを切り離すといっても、農産品、水産品、林産品だけを切り出して独自の分析を加えることには殆ど意味が無い。全体分析モデルに農林水産品を放り込んでしまうと期待するような数字が出ない可能性が高かったので、「神の手」を入れるために切り離しているのである。農林水産業を全体モデルから切り離した後は、「てえへんだ、てえへんだ」と言いたい時（交渉入り時点）では損失を大きく見積もり、「大丈夫ですよ」と言いたい時（交渉妥結時）は損失を過小評価する。その時々ではっきりと「神の手」が入る。それだけである。

したがって、基本的に私はこの手の試算を一切信用しないことにしている。絶対に当たらないからである。TPP12の交渉開始時くらいから、政府の出す試算を誰も信用しなくなった。現場を見ている各都道府県は独自の試算をやっている。はっきり言って、この都道府県試算の方が遥かに信用できる。日米貿易協定の影響試算について、政策通の農業関係者に聞いてみたら「あんなの誰が真に受けるんですかね。」と一刀両断に切り捨てていた。政府の影響試算は、安心したい人、成果を誇示したい人にとっての一服の清涼剤にはなると思うが、一服の清涼剤にしかならない。

政府の影響試算がくだらない代物なのは問題だが、相場観として「どうせ、そんなもの」という雰囲気が蔓延していることは更に問題である。かと言って、それをどうにかしようとするエネルギーは国政のどこにも無い。最後に残るのは諦念だけである。国民が国家の発する情報に対して諦念の情を持つ時、民主主義が機能しなくなることへの思いが今の政治には欠けていると思う。

低調な国会審議

令和元年の臨時国会に、日米貿易協定が提出された。当初、疑問だったのは「関連国内法改正はないのか。」ということだった。TPP等と比べてかなり対象が狭い日米貿易協定であっても、通常であればセーフガード関係、原産地手続関係等での法改正が入る可能性が高かった。しかし、実はTPP11を国会で承認する時の国内法改正において、将来的に同様の経済連携協定を締結しても法律改正しなくていいよう、包括的な形で「経済連携協定」を取り込めるようにしていた。

TPP11の国会審議の段階で、将来のEUやアメリカとの協定の時の国会審議を簡略化出来るようにしたわけである。国会で国際条約（日米貿易協定）と関係法令双方を審議しなくてはならないということになると、国際条約は外務委員会、関係法令は財務金融委員会や経済産業委員会となって来る。大型の通商協定であれば、特別委員会を別途作って一括審議となることもある（WTO協定やTPP12）。審議する委員会が複数に分かれることも、特別委員会を立ち上げることも、それぞれかなりのエネルギーが必要なので、出来るだけ外務委員会における国際条約だけの審議で終わらせられるような段取りを仕込んでいたのだろう。無論、この手法に何らの問題があるわけではない。現政権はこの辺りの目配りが非常に上手い。そして、長期政権でなければ生まれて来ない発想だと思う。

国会審議自体は、総じて低調だった。テーマは山積みであり、政府の理屈の弱い所はたくさんあった。ただ、断片的に拝聴する限り、情緒的な質問が多かった。日米貿易協定はそれ程分厚いものでは無かったが、それを読んで質疑に臨んだ議員は与野党共に極めて少なかっただろう。

今後の見通し

USMCAの見直し

2019年12月、トランプ大統領主導で行われたNAFTA見直し（USMCA）が最終的に妥結した。一旦、2018年11月に妥結していたものだが、下院で多数を握る民主党から異議が唱えられており連邦議会による承認が滞っていた。議会審議を必要としない日米貿易協定と違って、USMCAは下院では民主党の賛成が必要な協定だった。ライトハイザー通商代表は下院民主党首脳陣と密接にコンタクトしながら、カナダ、メキシコと交渉したため、情報不足の状態に置かれた共和党議員から苦情が来るくらいであった。

ここで重要なのは、下院民主党と協議して当初のUSMCAの方向性が覆ったものはそれ程多くないということである。バイオ製剤のデータ保護期間を10年とする処方薬関連部分が、トランプ大統領側と下院民主党との間で最も揉めた部分であり、最終的に下院民主党の主張が通りこの条項は撤回された（医薬品の価格を下げる効果があるため、カナダ、メキシコも歓迎）。しかし、修正事項のかなりの部分はトランプ大統領が進めようとする方針を補強するようなものである。基本的にアメリカが通商交渉で目指す方向性に与野党で大きな差はなく、あとは手法の問題に過ぎないという私の指摘はここでも改めて裏付けられている。

アフリカ豚コレラと米中貿易戦争

米中貿易戦争は一進一退で動いており、今後も目が離せない。ただし、中国側の事情がかなり変化してきており、突っ張れなくなってきている。特にアフリカ豚コレラの蔓延によって、中国国内の豚肉供給能力が著しく下がっている。

中国では4億頭の豚が飼育されていたが、アフリカ豚コレラによって2億頭弱まで減少している。これによって、貿易戦争の相手であるアメリカ、ファーウェイ問題で輸入を制限していたカナダからも食肉輸入を再開している。豚肉のみならず、豚肉の代替となる他の食肉も輸入している。13億の民を食わせることが使命の中国指導層にとっては、メンツにはこだわれなくなっている。トランプ大統領にとっては天祐《てんゆう》だろう。

この中国の動きは結果として、日米貿易協定の実施に大きく影響するかもしれないと見ている。中国が爆買いすることによる日本への供給不足の可能性はあるだろう。アメリカ側から見ると「日本に売り付けなくてもいい」ということになる。豚肉については、本著で指摘してきた差額関税制度の分岐点価格（524円/kg）を大きく超えるくらいまで価格が高騰することすら想定され得る。そうなってくると、コンビネーション輸入で仕様が細かく指定される日本向けよりも、枝肉（豚一頭まるごと）で購入してくれる中国向けの方が売りやすくなる。コンビネーション輸入がハードルとなり、中国に買い負けるおそれすらある。まだ、本書執筆時点ではよく見えない所があるが、中国の市場の動向は要注意である。

しばらく来ない交渉

今回のアーリーハーベストでトランプ大統領はかなり満足していると思われる。残り少ない1期目の任期でこれ以上、日本と貿易交渉をする情熱はもう無いような気がする。そもそも共同声明で協定発効後4ヶ月以内に協議を終え、新しい交渉に入ることになっているが、これは具体的には令和2年5月以降に該当する。その時はもはや大統領選挙モードに入っていて、日本との交渉に本腰が入る状況にはない。2019年の連邦議会補欠選挙や州知事選挙では、共和党が強いとされる地域で敗北したり、勝てたとしても僅差だったりした選挙が多かった。これらの結果を見れば見る程、対日譲歩でネガティブな評価が付くようなことをトランプ大統領がやるはずがない。つまり、トランプ政権1期目の日米貿易に関する動向はここで打ち止めになると見ている。日本側はこれをよく分かっているはずである。大統領選挙後のことはその時に考えればいいと思っているだろう。「2期目は2期目の風が吹く」のである。

唯一何かが進む可能性があるとしたら、大統領選挙の情勢が厳しくなって、日本からの追加的な譲歩を遮二無二求める時である。協定内にある「アメリカ合衆国は、将来の交渉において、農産品に関する特恵的な待遇を追求する。」を取っ掛かりに譲歩を要求してくるかもしれないし、また、高関税をネタに自動車分野での脅し・強請かもしれない。いずれにせよ、その時は単に一方的に日本に譲歩を要求するだけで、「交渉」とすら言えない代物になっていてもおかしくはない。そうなる時、日本との関係では「肉買え」、「車買え」、「工場進出しろ」のどれかになるはずである。ただし、現時点ではこの可能性がそこまで高いとは思わない。

ただ、いつになるかは分からない上に、相手が誰になるかも分からないが、今回のアーリーハーベスト合意だけで打ち止めになることは絶対に無い。2期目のトランプ大統領になるか、民主党の新大統領になるかは分からないが、追加的な貿易協定交渉はやらなくてはならない。出せるタマとしては農産品分野でかなり大きな譲歩をしてしまっているので、非常に弱い立場での交渉になる。

その時のベースは、共同声明における「関税や他の貿易上の制約、サービス貿易や投資に係る障壁、その他の課題」すべてである。前述の通り、共同声明にある「協議」において、これらの項目のどれかを落とすことが出来るはずがない。また、ここにある「関税」について、茂木大臣は「今回の協定でさらなる協議を行（うと）明確に決めた項目を想定しておりまして、それ以外の品目というのは想定をいたしておりません。」と述べている。これは茂木大臣の「希望」ですらなく、単なる「嘘」である。恐らく茂木大臣は、追加的な関税交渉はアメリカの自動車・部品の関税撤廃交渉＋αのみだという誤った解釈を振りまこうとしているのであろうが、前述の通り、日本の農産品に関する特恵的な待遇を求める交渉、つまり農産品関税の追加的な削減・撤廃交渉が行われることは協定上、確定している。そもそも論として、茂木大臣の理屈を突き詰めれば、日本から何の譲歩もせず、ひたすらアメリカに「関税撤廃しろ」と言い続けるだけの交渉をやることになる。そんな土俵にアメリカが乗るはずもない。日米貿易協定の成果はアーリーハーベストで確定している以上、今後の交渉で自動車・部品の関税撤廃を求めるのであれば、日本は別の分野で何らかの新しいタマを出さざるを得ない。アメリカにとってあまり値札の高くないコメの譲歩くらいでは、自動車の部品の関税撤廃など取れるはずがないのは自明である。そして、その交渉が来る時のことなど、安倍総理はまだ考えていないだろう。

民主党を敵に回した日本

今回の日米貿易協定は、トランプ大統領の再選戦略に相当力を貸しているというのが一般的な評価である。ということは、アメリカの民主党からは相当に恨まれることになる。前述の通り、トランプ大統領がほしいものをかなり出し、トランプ大統領が軽視したカリフォルニア案件（コメ、ワイン）では希望通りのものが出なかった。カリフォルニア案件を冷遇したのはトランプ大統領だが、全体として日本との共同作業だと民主党関係者は見るだろう。

仮に2020年大統領選挙で民主党候補が勝つ時、日本は相当に冷遇されることを想定しておくべきである。歴史的に日本は共和党政権との方が反りが合い、民主党政権の時は反りが合わないと言われてきた。しかし、今回のケースでは大統領選挙での露骨な肩入れという具体的な恨みを買われているので、一般的な「反り」の問題では収まらない。交渉において、民主党の大統領は手始めに「カリフォルニア・ローズへのコメの輸入枠を出せ。」と言ってくるであろうし、それ以外の品目でも「倍返し」となることは覚悟しておくべきだろう。

必ず来る交渉

それはアメリカとではなく、TPP11諸国との関係においてである。今後、アメリカに提供したアクセス数量やセーフガード水準を踏まえて、TPP11の再交渉は不可避である。今回の日米協定の成立により、いくつかの農産品には（アメリカへの数量枠）＋（TTP12の数量枠）が数量枠として提供されることになっている。つまり、（アメリカへの数量枠）が二重カウントされている状態にある。日本としては、（アメリカへの数量枠）＋（TPP11の数量枠）＝（TPP12の数量枠）の等式が成り立つように再交渉したいはずである。それが容易でないことは前述した通りである。少なくともTPP11の加盟国側が一方的に譲歩する形で、自分達に割り当てられる数量を減らすということはないと思っておいた方が良い。こういう状況でも何らかの対価を要求されるのが通商の世界である。ただ、本書執筆時点でこの交渉に向けた意気込みを現政権から全く感じない。アメリカとの追加交渉同様、放置するのではないかと疑い始めている。

今後頑張った方がいい交渉

本著脱稿直前の動きを踏まえ、今後、日本として頑張ってみるべき交渉にも触れておきたい。それはブレグジット後の英国、タイ、台湾との関係である。

ブレグジット後のEUと英国との貿易交渉がどうなるかについては全く予断を許さない。一方、日本との貿易交渉を英国が重視していることは間違いない。EUは多くの国・地域とFTA／EPAを締結しており、これまで英国はその恩恵に与ってきた。しかしながら、ブレグジット後、それらの国・地域との貿易関係を悪化させないために、英国はそれら全ての国・地域とFTA／EPA交渉をやらなくてはならない。その中でも、英国にとって非常に優先度が高いのが日本や（カナダ、オーストラリアを含む）旧植民地からなるコモンウェルス諸国であろう。

ただし、英国とEUとの交渉がまとまらない限り、日本として妥結できない部分が数多くあるため、まずは英国の出方をよく見ておく必要がある。EUは英国に対して「追い銭は渡さない」との方針で厳しく臨む可能性が高く、英国は非常に厳しい状況に置かれるだろう。それは日本との貿易交渉にも大きな影響を与える。

例えば、英国とEUとの間には密接なサプライ・チェーンが築かれている。それを支えるのがＥＵ統一の原産地規則である。ブレグジットによって、その原産地規則を一元的に適用できなくなりサプライ・チェーンが切り刻まれる可能性が高い。具体的には、英国で作った部品をＥＵに輸出して、ＥＵで完成品にして日本に輸出をする場合を念頭においてみよう。英国で作った部品はＥＵ産だとは認められず、その完成品はＥＵ内での生産比率が低くなることから、日本に輸出する時に日ＥＵ・ＥＰＡの無税が適用されない可能性が出てくる。そのため、ＥＵの企業は部品の調達を英国からＥＵ域内に移転したいという動機を持つだろう。そして、ＥＵは英国に対して「ＥＵの原産地規則を享受したいのであれば、ＥＵのルールを守るべし。」と求めるだろう。

逆にＥＵ産部品を使いながら、英国で完成品を作って日本に輸出するケースを考えてみよう。将来の日英貿易協定における関税撤廃を享受するためには英国内での生産比率が問題になる。ただし、英国は日本に対して「ＥＵ産部品を、英国内の生産比率に入れてほしい」か、「大幅に原産地規則を緩和してほしい」かのいずれかを言ってくるような気がする。道理としてはそのような主張は受け入れられないが、仮に百歩譲って日本がそれを受け入れるのであれば、極めて高い「値札」を付けて売り付ける戦略が必要だと思う。

いずれにせよ、日英交渉の早期妥結はブレグジット後苦しい状況に置かれることとなる英国にとって「値札」が高い。したがって、日本としては英国の足元を見ながら利益を最大化するように努めていくべきである。日本として英国との貿易において守るべき利益が数多くあることはよく知っているが、くれぐれも日本が焦る姿勢を見せてはならない。

また、タイとの関係も非常に興味深い。ここまでタイはTPP加盟に関心は示してきたが、加盟のための具体的なアクションは起こしていなかった。しかし、ここに来て非常に具体的な関心を示してきている。

日本にとって、自動車生産のサプライ・チェーンの中で非常に重要な役割を果たすタイがTPPに加わることは意義深い。ここでも重要なのが原産地規則であり、タイで生産した部品がTPPの統一原産地規則に加わることになれば、サプライ・チェーンを作る際の自由度が増すため、TPP諸国への輸出において日本の自動車産業の競争力は一段と高まる。

したがって、日本が主導する形でできるだけ早くタイをTPPに取り込むよう努力をしていく必要があるだろう。一方、タイは農業国であり、特に日本にとってコメやチキンと言った難しい問題があるのも事実である。コメについては、前述の通り、TPP12でアメリカに出すはずだった7万トンの新規輸入枠が日米貿易協定では無くなっている。かといって、その分は「将来要求されるかもしれない分」であり、軽々にタイに新規輸入枠を提供出来るわけではない。今後のアメリカとの貿易交渉を見据えながらの交渉になるだろう。

最後に台湾についても付言しておきたい。あまり知られていないが、TPPの中には台湾が加盟することを想定した規定がある。WTOルールの中には「独立の関税地域」というカテゴリーがある。これは独立の関税政策を適用している地域を加盟させるためのものであり、国家の独立・承認といった非常に難しい問題を回避しながらWTOに加盟できるようになっている。台湾はこの規定により、(「中華民国」としてではなく)「台湾・澎湖・金門・馬祖からなる独立の関税地域」としてWTOに加盟している。そして、実はTPPにも、独立の関税地域として加盟することができる規定が盛り込まれている。環太平洋地域で、独立の関税地域としての加盟が想定されるのは台湾くらいであることから、将来的な台湾の加盟は排除されていないと見るのが適当である。中国との関係を考えれば、今すぐ推進できるものではないかもしれないが、将来的な日本の外交カードとして持っておくべきだろう。

終章

日本はどこに向かうべきか

特に最後にまとめておきたいことを少しだけ列挙しておきたい。

「保護主義」とは何か？

強い「ご都合主義」の要素

よく保護主義という言葉が使われる。これ程定義がしっかりしない言葉も珍しい。ブロック経済や孤立主義を念頭に置く人も居れば、後述する「ご都合主義」を言っているだけの人も居て、論者によって言っていることがかなり違う。なお、日本政府は「自国の産業又は雇用を保護するために濫用された貿易制限措置等」と言っている。私はこの定義で正しいと思う。

このように定義される保護主義は、自分が強い所は自由貿易で押しまくり、自分が弱い所はなりふり構わず国境障壁を高くするということである。現代社会において、自国産業保護による輸入の削減に対応して、自国からの輸出を縮小しようという孤立主義を志向した考えを持つ人は殆ど居ないからである。つまり、自分に都合の良い所だけを都合良く推し進めるという「ご都合主義」の要素が非常に強い。実際、トランプ大統領は、競争力が高いアメリカの農産物については超が付くくらい自由貿易主義者である。

つまり、保護主義というのは、関係者の「ご都合」によって左右されるものであるので、あまり「知」としては体系立っていないのが常である。

欧州左派の保護主義論

そういう意味では、より一貫したように聞こえる保護主義の視点を説くのは欧州の左派系である。日本でも有名になったフランスのエマニュエル・トッドは保護主義を訴えている。そして、日本の一部知識人にはこれに靡《なび》く傾向がある。その主張は、前記の仕分けで言うと「ブロック化」の主張に近そうに見える。

行き過ぎた自由貿易は格差を産み出し、社会を分断するとトッドは主張している。私もそれは正しいと思う。自由貿易を貫徹したレントの無い社会と社会全体の幸せの適正な配分は一致しないのである。自由貿易の勝者に富が集中することを通じて、格差の拡大に繋がるという指摘には頷かされる。

そして、その現象への処方箋として保護主義を挙げている。多分、念頭に置いているのはEUレベルでのブロック化である。ただ、自己の主張の正当化については、エマニュエル・トッドは殆ど説得的ではない。例えば、保護主義に移れば物品の価格が上がることは認めているが、上手くやれば労働者の賃金が上昇するので大丈夫だとも言う。しかし、その「上手くやれば」の具体的な説明は一切ない。そして、自由貿易による競争から切り離された所でどうやって競争力を維持できるのかについては、「保護主義がつくりだすのは社会的な革命で、本当のゴールは、社会の中の力のバランスを変えることです。格差を解消し、エンジニアや科学者、モノをうみだす人にアドバンテージがあるような社会へと移行する。保護主義というのは何かを創造することです。」と説明している。昭和56年にフランス大統領になったフランソワ・ミッテランの左派政権が数多くの企業を国有化した際に似たような理屈を聞いた。これらの国有化が2年程度で完全に失敗に終わったことへの反省が全くない。そもそも、この手の左派的超楽観主義が実務で通用したのを私は見たことが無い。

更に自分の論理が上手く行かなくなると、「ＥＵ」や「エリート」の「陰謀論」を批判し始める。大体、陰謀論を言い始めるのは論理に行き詰った人間と相場が決まっている。辻褄の合わない話を繋げる時に一番役に立つのが「陰謀論」なのである。

トッドの保護主義論とて、一見尤もらしくは見えるが、知の体系としては一貫性が無く、何度彼の説明を聞いても理屈が分からない。結局、ＥＵの大きさの陰に隠れ、自国の強いものは自由主義、自国の弱いものは保護するのだとしか読めず、トランプ流の「ご都合主義」をトッドも共有しているだけなのだと思う。単にそれを真正面から口にするのがこっぱずかしいだけなのである。ホンネは超ご都合主義なのだが、それを尤もらしい理念系でコーティングするというのは欧州左派にはよくある傾向である。

保護主義の行く末

仮に世界全体を保護主義が覆ったと仮定してみよう。そこにあるのは弱肉強食の世界である。すべての国が自分の強い所は自由貿易で押しまくり、自分が弱い所はなりふり構わず国境障壁を高くするというゲームが成立しないことはご理解いただけるだろう。ルールなきジャングルの中で、強い国や強いグループに属する国は自分の主張を押し通せるだろうが、弱い国はどんどん押しやられていく。たしかに自国ファーストでありたいのはすべての国の希望だろう。しかし、本当にそれを実現できるのはそれを押し通せる力を持つ国だけであろう。保護主義の結末は「弱者必敗」にしかならない。強国であるアメリカのトランプ大統領、強いブロックであるEUに属するフランスに住むエマニュエル・トッドは「保護主義」を訴えることが出来るだろうが、その主張は富める者、強い者の贅沢品だと思う。

世界貿易に保護主義が蔓延し、ルールなき世の中に退行する時、それが志向するのは大恐慌直後のブロック化の蔓延であろう。弱い国がブロック化の波に弾き出されないよう身を守るためには、どこかのブロックに属する以外の方策が無い。論理的には、世界の強い国、強いグループを中心にブロック化が進んでいくという選択肢にしかならない。

そして、日本は「自分達もいざとなれば、その『保護主義』という贅沢品を享受し得る立場にある。」と思わない方が良い。むしろ、ブロック化の波に身を抗しきれない可能性を常に考えておかなくてはならない。その可能性を考える時、日本が取るべきは、ルール志向の通商貿易を堅持、発展させていく方向しかないのである。

ルール志向の貿易体制を

トランプ後を見据えて

結局、我々はグローバリゼーションや自由貿易と上手く付き合い、上手く利用するしかないのである。自由貿易すべてから逃げようとしたり、ご都合主義的保護主義を掲げたりするアイデアは、一服の清涼剤としては有効だが、基本的にはユートピアの夢想にしかならない。

まず、ルール志向の貿易体制から外れて、好き勝手にやる「ご都合主義」に走る勢力に対してはどこかで歯止めを掛けていく必要がある。そもそも、世界のすべての国がトランプ流ご都合主義をやってしまったら世の中が成り立たないのは前述した通りである。すべての国が、自国の得意な産品は「これを買え」と強く主張し、自分の苦手な産品は「こちらに売って来るな」と言ってしまえば、世界の貿易体制は総崩れである。トランプ大統領的には「そこからがディールだ。」ということなのだろうが、そのような主張をすることが出来るのは強国のみであり、結果として世界全体が弱肉強食になってしまう。これは日本としては避けるべき方向性であろう。

そこで留意しなくてはならないのは「歯止めなき」「急進的な」自由化を避けるということである。私はどうしてもＧＡＴＴ／ＷＴＯ体制の再起による漸進的な自由貿易の推進という夢を棄て切れない。もう一度、最恵国待遇と内国民待遇による正しい意味でのグローバリゼーションを推進すべきだと思う。急速な自由貿易でもなく、保護主義と言う名のご都合主義でもなく、漸進的に着実に貿易自由化を進めていく道を探るべきであろう。そのためには一度、（まだ形式上は続いている）ドーハ・ラウンド交渉を終えさせ、新たなアジェンダによる新ＷＴＯラウンド交渉を立ち上げるべきだと思う。その中においては、現在のＷＴＯ協定ではリーチが及んでない分野が主役となるような気がする。たしかにアメリカと中国の双方をテーブルに乗せるのは至難の業であろう。しかし、誰かがそれをやらない限り、世界の貿易体制は永遠に無秩序の方向に向かってしまう。

トランプ大統領にはこのような歯止めはかからないだろうが、トランプ後を見据えたルール志向の貿易体制のあり方を日本は考えておくべきだろう。今のようなやり方が長く続くわけではないのだという方向性なりとも見せておくべきである。しかし、現在の国際社会にこの危機感を抱き本気度を示す指導者はまだ出てきていない。ただし、数多くの有志国指導者が同じ思いでいてくれるはずである。今はなかなか主流になりにくいだろうが、今から始めておかないと機運は取り返しのつかないくらいまで下がっていってしまう。

国内制度の改革

不自然な場所にレントが出る制度は見直す必要がある

個別品目について最終章でまとめとして言いたいのは「レントがおかしな場所に出るものについては見直すべき」ということである。その典型がコメ、豚肉である。問題視すべきは、本来、制度としては一切想定していない場所にレントが出るケースである。制度が複雑になればなるほど、レントは不思議な場所に出るというのが私の経験則である。

想定していなかったレントであっても、一旦そういうものが出てしまうと、それは既得権益化する。既得権益はそれで利益を得ている人がいる以上、真正面から対峙するのは決して楽ではない。しかし、特定の者のポケットに入っていく濡れ手に粟は誰の負担なのかということをもう一度よく考えてみたい。それは消費者である。ただ、消費者の利益や負担は広く薄く拡散するので声が大きくならないだけである。その声を拾えるかどうかが政治家としての感度だと思う。

こういう研究をする経済学者はまだ居ないだろう。レントがどこに出るのかというのは、ミクロ経済学者の方にはとても面白い研究テーマになると思う。私の力量には限界があるので是非、頑張ってほしい。

「攻め」の追求――ミクロとマクロの狭間

日本は「制度を前提としてどう動くか」ということに強く関心を持つ傾向がある。ルール・メイカーであるよりも、(とても迅速に動く) ルール・テイカーであることをよしとしている節すらある。金融庁の友人が「日本の金融機関はバーゼル (金融関係の会議が開かれるスイスの都市) で何が決まるかを早く知ることに強い関心がある。ただ、それに日本としてどういうインプットをして、どういう制度にしていくかは関心がそこまで高くない。ルール・メイカーではなく、ルール・テイカーなんだよ。」とボヤいていたことがある。この制度を変更させる手法はミクロ経済とマクロ経済の狭間くらいの場所にあり、日本がこれまでとても苦手にしてきた部分である。

しかし、アメリカもＥＵも他国の制度を変更させることに強い執念を持ってくる。最近、安倍政権が農産品や食品の輸出の障害となる諸外国の規制の見直しを洗い出し、改正を求めていくための体制構築をしていた。取っ掛かりとしてはとても良いアプローチだと思うが、本質的には、農産品や食品だけに限定する必要は無くオールジャパンでやるべきだとは思う。

このように日本の輸出に障害になる諸外国の規制洗い出しで重要なのは、実際に現地で問題点を抱えている企業からのインプットである。日本のお役所は個別企業の利益に関わることを避けたがる傾向がある。たしかに特定の企業だけに肩入れすることは避けなくてはならないが、日本企業全体の利益を増進させるためにどの国のどういう制度変更が必要なのかという話については、大々的に官民でやっていいと私は思う。というか、諸外国がそれをやっているのに日本だけ武士は食わねど高楊枝をやっていることには意味がない。

日本の進むべき道

最終的には、日本には自由貿易の旗手となる以外の道はないだろう。この一点に尽きると思う。付け加えることは何もない。それ以外で生きていける具体的かつ現実的な道があるのであれば、是非拝聴したい。

後は「旗手」としてどういう旗を振るかの手法の問題に過ぎない。

緒方林太郎（おがた・りんたろう）
1973 年　福岡県北九州市生
1991 年　福岡県立東筑高校卒、東京大学教養学部文科一類入学。
3 年時に外務公務員一種試験に最年少合格。
1994 年　東京大学法学部中退、外務省入省。
WTO 交渉担当、条約担当の課長補佐を歴任。
2005 年　外務省退職
2009 年　衆議院議員初当選（2 期務める）
予算委員会、TPP 特別委員会等に所属。
ブログサイト BLOGOS において、印象的な記事が評価され表彰されるなど、外交や政治といった分野でのプロ肌の分析には定評あり。

国益《こくえき》ゲーム　日米貿易協定《にちべいぼうえききょうてい》の表《おもて》と裏《うら》

2020年 4月21日　初版発行

著　者　緒方林太郎
発行者　常塚嘉明
発行所　株式会社ぱる出版
〒 160-0011 東京都新宿区若葉 1-9-16
電話—— 03(3353)2835（代表）03(3353)2826（FAX）
03(3353)3679（編集）
振替　東京 00150-3-131586
印刷・製本　中央精版印刷株式会社

©2020 Rintarou OGATATA　Printed in Japan
落丁・乱丁本はお取り替えいたします。

ISBN978-4-8272-1230-3 C0034